中国珍藏镜鉴书系

鼻烟壶

收藏品鉴

阎伯川 编著

北京出版集团公司
北京美术摄影出版社

图书在版编目（CIP）数据

鼻烟壶收藏品鉴 / 阎伯川编著. — 北京：北京美术摄影出版社，2017.1
（中国珍藏镜鉴书系）
ISBN 978-7-80501-968-0

Ⅰ. ①鼻… Ⅱ. ①阎… Ⅲ. ①鼻烟壶—收藏—中国②鼻烟壶—鉴赏—中国 Ⅳ. ①G262.8②K875.2

中国版本图书馆CIP数据核字(2016)第268783号

中国珍藏镜鉴书系
鼻烟壶收藏品鉴
BIYANHU SHOUCANG PINJIAN
阎伯川　编著

*

北京出版集团公司
北京美术摄影出版社　出版

（北京北三环中路6号）
邮政编码：100120

网　　址：www.bph.com.cn
北京出版集团公司总发行
新 华 书 店 经 销
山东海蓝印刷有限公司印刷

*

710毫米×1000毫米　16开本　12印张　200千字
2017年1月第1版　2017年1月第1次印刷

ISBN 978-7-80501-968-0
定价：68.00元

如有印装质量问题，由本社负责调换
质量监督电话：010-58572393
责任编辑电话：010-58572245

前 言

提起鼻烟壶，很多人可能比较陌生，因为在我们的生活中，鼻烟已经是一种非常小众的消费品了，用来盛装鼻烟的鼻烟壶，则更是一种并不为大多数人熟知的器物。现在的鼻烟壶，已经基本脱离了实用器物的范畴而成为一种雅致的收藏品。

国人吸闻鼻烟的历史并不是太长。根据历史的记载，明代时鼻烟才传入我国，经过明代的发展，鼻烟壶在清代一度进入极盛阶段，留下了一批材质珍贵、工艺精湛的鼻烟壶艺术精品，这些精品鼻烟壶在拍卖的时候常常拍出惊人的价格，而鼻烟壶的鉴赏和收藏，更是变得日渐火爆。

在本书中，编者从各个方面对鼻

烟壶进行了全面的介绍。第一部分介绍了鼻烟壶的历史,让读者对鼻烟壶的演化有一个初步的认识;第二部分介绍了鼻烟壶的制作和装饰,通过介绍鼻烟壶的构成、器型、材质、制作和装饰,让读者朋友深入地了解鼻烟壶;第三部分介绍了鼻烟壶的收藏与保存,可帮助读者朋友收藏到精品的鼻烟壶,并学会如何保存自己的藏品。

相信读者朋友在读完本书之后,对鼻烟壶会有详细的了解,掌握更多鼻烟壶鉴赏和收藏的知识,从而在鉴赏和收藏鼻烟壶的时候无往不利!

Contents

袖珍雅玩——鼻烟壶的历史溯源

鼻烟简介 / 002

鼻烟壶的起源与演变 / 024

精巧绝伦——鼻烟壶的制作和装饰

鼻烟壶的构成 / 040

鼻烟壶的器型 / 042

鼻烟壶的材质 / 045

鼻烟壶的制作 / 078

鼻烟壶的装饰 / 098

 鉴宝藏珍——
鼻烟壶的收藏与保存

鼻烟壶的收藏 / 156

鼻烟壶的投资方向 / 164

鼻烟壶的保存 / 175

Snuff bottle

袖珍雅玩——
鼻烟壶的历史溯源

鼻烟简介

鼻烟的主要成分是质量上乘的烟草粉末，它是在烟草粉末中加入许多珍稀药材和香料，再经过精细加工而制成的。鼻烟在使用之前要用蜡封的方式进行陈化。鼻烟的味道主要有膻头、酸头、煳头、豆头和甜头5种，概括的说法就是膻、酸、煳、豆、甜，不同的味道有不同的感觉。优质的鼻烟具有色深、厚重的特点，色泽较淡、油轻的鼻烟则质量略差。其中"飞烟"和"鸭头绿"最贵，清代时一两黄金换不来一两"飞烟"。

素胎鼻烟壶

丁二仲款水晶内画鼻烟壶

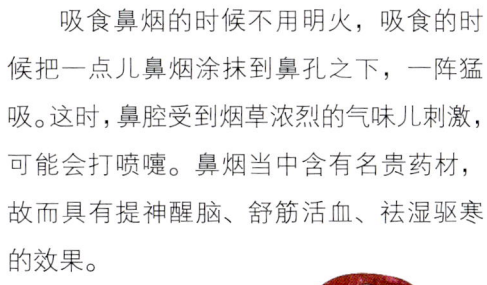

袖珍雅玩
——鼻烟壶的历史溯源

吸食鼻烟的时候不用明火,吸食的时候把一点儿鼻烟涂抹到鼻孔之下,一阵猛吸。这时,鼻腔受到烟草浓烈的气味儿刺激,可能会打喷嚏。鼻烟当中含有名贵药材,故而具有提神醒脑、舒筋活血、祛湿驱寒的效果。

绿松石双兽耳鼻烟壶

翡翠老料鼻烟壶

招财进宝款翡翠鼻烟壶

鼻烟壶收藏品鉴

◆ 鼻烟的历史

1492年，著名探险家哥伦布航行到了美洲大陆，他发现，美洲大陆上的印第安人并没有大型的牲畜，平时长途跋涉全靠步行，因此生活困苦，闲暇时常吸食烟草来提神解乏。随后，他把烟草和种植烟草的技术传到了欧洲。

清代乾隆翡翠光素鼻烟壶

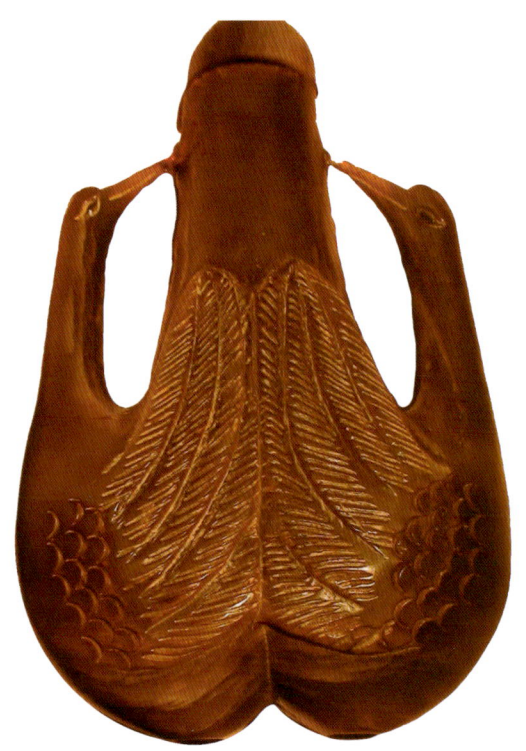

黑犀牛角鼻烟壶

袖珍雅玩
——鼻烟壶的历史溯源

清泉内画鼻烟壶

游牧人内画鼻烟壶

牧归内画鼻烟壶

牛角鼻烟壶

 **鼻烟壶收藏品鉴**

　　1503年，哥伦布和西班牙修道士帕尼第二次到美洲探险，便发现了印第安人吸闻鼻烟的习惯。南美洲烟叶的主要产地是墨西哥和巴西，因此墨西哥和巴西的印第安人平时多有吸闻鼻烟的习惯。巴西就有专门制作鼻烟的磨坊，用优质烟末儿掺杂玫瑰花等，制造出品质非常优良的鼻烟。当地印第安人使用的研钵和研杵都是用玫瑰木制作的，他们先把烟叶捣碎，再添加香草植物的碎叶，最终做出的鼻烟便有了芬芳的气味。和鼻烟有关的器物也很精美，比如装鼻烟壶的盒子，常使用动物的骨、角、皮革和树皮等材料制成，非常美丽精致，都是很好的手工艺品。

羊肝玛瑙鼻烟壶

莲花内画鼻烟壶

袖珍雅玩
——鼻烟壶的历史溯源

籽料鼻烟壶

鼻烟从美洲传到欧洲之后,迅速流行开来。当时,法国贵族的喜好引领着欧洲贵族的潮流,许多法国的贵族都迷恋于吸食鼻烟,上层社会把此举当成一种时髦。法国当时的贵妇和小姐甚至也会悄悄地吸食鼻烟。拿破仑一世是历史上有记载的非常嗜好鼻烟的贵族,史料记录他一个月可以消耗7磅多的鼻烟。不单是法国,当时欧洲贵族社会都流行着吸食鼻烟的习惯。有个德国作家就写过一篇文章,名为《鼻子渴望的贪求》,对这种情景进行了辛辣的讽刺:"全世界都兴起了一个可笑的、荒谬的习俗——吸闻鼻烟。所有国家所有阶层的人们都吸闻鼻烟……不管男女,人们都吸闻鼻烟,这样他们的鼻子经常是肮脏的,像沾满了灰尘一样,而他们却荒谬地称之为时髦的装饰。"

民国白玉鼻烟壶

古玉鼻烟壶

 鼻烟壶收藏品鉴

彩绘玻璃鼻烟壶

百鸟朝凤内画鼻烟壶

袖珍雅玩
——鼻烟壶的历史溯源

烟草是明代时传入我国的,明代的姚旅在《露书》中对其进行了记载,烟草原来的产地是吕宋(今菲律宾),古时候还称为淡巴菰、淡肉果、担不归;烟草的色泽金黄,吸食烟草可以麻醉肉体,故而得名金丝醺、干酒等。明代初年,吕宋用烟草进贡。明万历时期烟草传入我国后,主要种植地区在福建漳州。

核桃鼻烟壶

枯木内画鼻烟壶

鼻烟壶收藏品鉴

秋情内画鼻烟壶

袖珍雅玩
——鼻烟壶的历史溯源

童趣内画鼻烟壶

鼻烟壶收藏品鉴

鼻烟传入我国的说法有两种，第一种是由外国传教士传入；第二种是日本、朝鲜传到我国北方少数民族地区，进而传遍我国。

素胎玛瑙鼻烟壶

第一种观点的依据是清末艺术家赵之谦撰写的《勇庐闲诘》中提到的内容，"鼻烟来自大西洋意大里亚国，明万历九年（1581年），利玛窦泛海入广东。旋至京师，献方物，始通中国"。经由传教士利玛窦之手，鼻烟被进贡给明万历皇帝，万历皇帝对于鼻烟相当喜爱，对利玛窦也赞赏有加。在此之后，西方很多使臣来华多进贡鼻烟，吸闻鼻烟之风也渐渐地在中国的上层社会中盛行起来。

老玛瑙鼻烟壶

袖珍雅玩
——鼻烟壶的历史溯源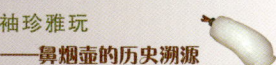

内画玻璃鼻烟壶

月夜内画鼻烟壶

鼻烟壶收藏品鉴

从军行内画鼻烟壶

《熙朝定案》一书中记录到,"康熙二十三年(1684年),圣驾南巡,汪儒望毕嘉进献方物,上命留西蜡,赐青纻白金",其中提到的西蜡便是鼻烟壶。到了清雍正时期,吸食鼻烟成为社会上的潮流,鼻烟成了进贡的名贵物品,赏赐的时候也以鼻烟作为恩典。雍正三年(1725年),意大利教皇伯纳第尔给雍正皇帝进贡的时候,物品中便有不同颜色的琉璃鼻烟壶、咖什伦鼻烟罐、素鼻烟壶、玛瑙鼻烟壶和鼻烟,总数达到了60种左右。雍正五年(1727年),葡萄牙国王若瑟派使臣来华访问,带来的40多种贡品中也有鼻烟。几年之后,葡萄牙国王若瑟又进贡了28种器物,和鼻烟有关的鼻烟壶大概有6种。

清代雍正鼻烟壶

袖珍雅玩
——鼻烟壶的历史溯源

第二种观点是鼻烟在 16 世纪经过欧洲的殖民国家，流传到吕宋、日本、朝鲜，转而传到了我国北方地区，尤其是东北地区。吸食鼻烟的习惯在满族和蒙古族中逐渐盛行。当时的传说是蒙古族男子值得炫耀的物品有 4 种，包括马、腰刀、茶晶眼镜和鼻烟壶。现在，鼻烟依然在我国一些少数民族地区流行，如西藏，主要是一些老人和喇嘛使用。西藏地区的鼻烟主要是来自印度、尼泊尔，量并不大。

清代喜鹊登梅玛瑙鼻烟壶

白玉籽料鼻烟壶

鼻烟壶收藏品鉴

鼻烟最初称为"士那乎"（英语"Snuff"一词的音译）。清雍正时期，皇帝根据鼻烟需使用鼻子吸闻的特征将"士那乎"命名为"鼻烟"，鼻烟这个时候才成了正式的名字。鼻烟传入宫廷后，皇帝多将精美的鼻烟壶赐给大臣们，鼻烟因此流行于上流社会中，吸闻鼻烟之风日渐兴起。清康熙帝曾下令禁止国人吸食烟草，不过没有禁止吸闻鼻烟，这就为鼻烟在中国的盛行打下了基础。至清乾隆、嘉庆时期，鼻烟的流行达到了巅峰。清道光之后，上至达官贵人，下至平民百姓，不管男女都醉心于鼻烟，甚至将鼻烟放到和睡觉、吃饭同等重要的地位。当时国人吸闻鼻烟的盛况由此可见一斑。

锦鸡内画鼻烟壶

袖珍雅玩
——鼻烟壶的历史溯源

松鹤延年内画鼻烟壶

我国的鼻烟使用上等的烟草和冰片、麝香等中药制成,制成后还需要陈化。鼻烟最终的形态是褐红色或褐黄色粉末,根据不同的配料和陈化的时间,鼻烟常见的颜色是黑紫、老黄和嫩黄色,有醇厚而辛辣的气味。品质最佳的鼻烟是"飞烟"和"鸭头绿"。

林冲雪夜上梁山内画玻璃鼻烟壶

鼻烟壶收藏品鉴

◆ **鼻烟的功效**

　　鼻烟的气味芬芳，吸闻鼻烟可以提神醒脑，有明目、活血的药物作用，尤其适合辅助治疗头痛、鼻塞等病症，最开始的时候，鼻烟便被认为是一种药品。我国的名著《红楼梦》中便有用鼻烟治疗鼻塞的记录。除此以外，闻鼻烟可起到轻度的麻醉作用，对于舒缓神经、释放压力都有帮助。

老内画鼻烟壶

内画风景老鼻烟壶

袖珍雅玩
——鼻烟壶的历史溯源

清代老鼻烟壶

鼻烟壶收藏品鉴

　　上文中已经有叙述，我国的鼻烟主要的味道是酸、膻、煳（焦）、豆、甜。味道煳的鼻烟相对普通，味道相比前两者要差很多。豆是品质最差的鼻烟，通常穷人才会吸闻。依据加入的不同原料，可划分成麝香味、薄荷味、桂花味、茉莉味等，据说还有腥臊之类的怪味儿。不同喜好的人按照自己的想法加进不同的原料，也就产生了不同的味道。鼻烟中加入的中药主要包括麝香、牛黄、沉香、豆蔻、陈皮、丁香、薄荷、甘草、珍珠末等。皇族和富贵人家经常会自己配制鼻烟，和市面上的鼻烟有一定的区别。

内画书法鼻烟壶

惜春内画鼻烟壶

袖珍雅玩
——鼻烟壶的历史溯源

水晶内画鼻烟壶

马少宣款内画鼻烟壶

素面翡翠鼻烟壶

我国鼻烟的主要产地是北京、天津、上海、山东、四川等地区，不同地区出产的鼻烟有不同的味道，鼻烟制作并没有秘方，靠的是经验。鼻烟的原材料主要是雪茄的烟叶粉末，在烟粉当中加一些茉莉花，然后放到缸内发酵，一缸鼻烟要进行七八次发酵后才算初步完成。最初完成的鼻烟需要密封保存，这一步称为"泄劲儿"，4年以后才可出售。密封完毕的鼻烟还要用新鲜的茉莉花再提一次味道。

宫廷内景内画鼻烟壶

袖珍雅玩
——鼻烟壶的历史溯源

金秋内画鼻烟壶

风雪无畏内画鼻烟壶

鼻烟壶收藏品鉴

鼻烟壶的起源与演变

◆ 鼻烟壶的起源

鼻烟传入我国之后,最初是使用大瓶盛装的。从外国进口的鼻烟装在木箱之中,一箱中通常有13瓶鼻烟,故而鼻烟还有"十三太保"的俗称。鼻烟的价格很高,于是买卖人便用小瓶分装出售,因为最初的鼻烟被看成药品,很多鼻烟的经销商就是用小药瓶装鼻烟的。药瓶口很小,不易走味儿,携带也方便,最初人们把这种容器称为瓶子,后来清康熙皇帝最先叫壶,后世便改口称壶了。

发晶鼻烟壶

青玉鼻烟壶

袖珍雅玩
——鼻烟壶的历史溯源

清代乾隆铜胎画珐琅鼻烟壶

清康熙初年，清宫造办处便开始制作鼻烟壶。刚开始制作的鼻烟壶雏形来源于瓷质小药瓶，主要是青花瓷，釉面晶莹亮丽，略泛青。瓶子的形状类似眼药瓶，外观是圆筒形，因而绘制的图案也较单调。康熙中后期，鼻烟壶使用的材料越来越多。最初的材质是青花和釉里红，随后还出现了玻璃（又名琉璃或料器）、铜胎画珐琅和宝石等材料。清康熙三十五年（1696年），宫中设立了琉璃厂，故而制作了许多红、绿、白、蓝、金星等多彩颜色的玻璃鼻烟壶。另外，造型也不仅限于扁平式，还出现了圆形和油篓形的鼻烟壶。加工鼻烟壶使用的技术包括磨制、镶嵌、雕刻等。鼻烟壶的装饰题材也迅速多样化，除常见的"福""寿"等题材之外，还有瑞兽、山水人物、缠枝纹饰等。铜胎画珐琅镶嵌匏器鼻烟壶是装饰鼻烟壶中高艺术水准的代表。

清代玛瑙高浮雕鼻烟壶

绿翡翠鼻烟壶

鼻烟壶收藏品鉴

一路连科玛瑙鼻烟壶

内画鼻烟壶

　　清雍正时期的鼻烟壶种类更加多样化，出现了玻璃胎画珐琅、瓷胎红彩、涅白不透明玻璃、玉质鼻烟壶等新的品种，像玳瑁、珊瑚等材质的鼻烟壶也开始出现。造型日趋丰富，除有扁圆壶式、多棱壶式，另外像竹节、鱼篓、瓜形的鼻烟壶也已经出现了。鼻烟壶的装饰图案不仅有吉语和吉祥的图案，许多的神话题材如瑶池王母，国画题材如梅、兰、竹、菊也都出现了。清雍正时期鼻烟壶的代表作是黑釉地鼻烟壶。

袖珍雅玩
——鼻烟壶的历史溯源

乾嘉时期是鼻烟壶创作的兴盛时期，样式可谓无奇不有，工艺多样而且相当完备。鼻烟壶的形状从刚开始的圆筒形逐渐变化成了更适合把玩的扁壶形。瓷制烟壶，除青花之外，更多见的是釉彩，釉的颜色包括单色釉和粉彩、斗彩等彩色釉。珐琅彩鼻烟壶的工艺继承了之前的画珐琅工艺，之后还出现了掐丝珐琅。玻璃鼻烟壶当中出现了套料工艺。其他材质的鼻烟壶包括宝石类、玉石类、玛瑙类、水晶类、竹木牙角类和雕漆类。装饰的工艺上，从最初的光面平涂的技术发展到浮雕式的瓷雕烟壶。造型上，以肖形圆雕为代表。这种工艺最直接的体现是成套出现的官窑制品。

青花瓷人物鼻烟壶

珐琅彩西洋人物鼻烟壶

 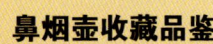

鼻烟壶收藏品鉴

青花鼻烟壶

水晶鼻烟壶

袖珍雅玩
——鼻烟壶的历史溯源

清同治、道光年间，鼻烟在社会上不再流行，不过这个时期的鼻烟壶工艺却出现了更加迅速的发展，从品种、造型和工艺各个方面都达到了巅峰状态。兴盛至今的内画艺术，就诞生于这个时期。随着鼻烟壶的制作逐渐传到民间，这个时候也出现了大量民俗题材的鼻烟壶，洋溢着真实的生活气息。

清代乾隆象牙鼻烟壶

青花人物纹鼻烟壶

029

鼻烟壶收藏品鉴

清光绪到民国是鼻烟壶制作的低谷时期,这个时期更兴盛的是内画鼻烟壶。这表明,鼻烟壶已经没有了最初的实用功能,而是演化成了雅玩和收藏珍品。

如同现在人敬烟的习惯一样,清代时期吸闻鼻烟盛行,平时王公显贵聚会见面时,互相敬鼻烟的情况也很常见。如果只是拿出装鼻烟的小瓶子,然后用指甲掏一些鼻烟,那肯定非常不雅。这个时候就出现了许多挖鼻烟的小勺子(讲究的材料会用到象牙),放鼻烟的烟碟等相关的鼻烟用具也一起出现,鼻烟壶还要使用锦囊来包装。当然,盛放鼻烟的鼻烟壶是最精致考究的。这时,吸闻鼻烟已经不单单是个人的喜好,更变成了社会的礼仪。互相吸闻了鼻烟后经常还要互换手中的鼻烟壶,相互赏玩,那个时候的上流社会这些情景很常见。于是,拥有什么品质的鼻烟壶,鼻烟壶用什么材质制成,使用什么工艺装饰,便成了社会地位和身份的一个重要象征。

童乐彩绘鼻烟壶

清代玛瑙鼻烟壶

袖珍雅玩
——鼻烟壶的历史溯源

最初人们追求鼻烟壶的质量,随后人们又开始看重鼻烟壶的数量。清代著名的贪官和珅被查抄的家财中,鼻烟壶多达 2300 个,其中品质优秀的玉质鼻烟壶有 48 个。很多鼻烟壶在查抄后被赏赐给了大臣,清嘉庆皇帝则私吞了一部分精品。

内画人物山水玻璃鼻烟壶

鼻烟壶收藏品鉴

　　鼻烟壶小巧玲珑，使用名贵材质制作，再辅以精美的装饰工艺，因此获得了收藏者的喜爱。据说清代有一个考官，对于鼻烟壶的嗜好达到了痴迷的地步，阅卷时，不但不看考卷内容，反而从怀中摸鼻烟壶，如抽签一般看鼻烟壶的颜色，如果是红色的，就判该考生榜上有名；如果是黑色的，那考生则不走运，肯定落第。玩儿鼻烟壶玩儿到了这样的程度，真是太令人匪夷所思了。

　　鼻烟壶最初只是装鼻烟的器具，之后却发展成为具备收藏和鉴赏价值的艺术品。普通器物变为工艺品，这就是鼻烟壶的演变史，同时也体现了我国人民的艺术品质。

清代乾隆露铜胎画珐琅鼻烟壶

袖珍雅玩
——鼻烟壶的历史溯源

◆ 鼻烟壶的演变

在鼻烟传到中国后,最开始是使用药瓶装鼻烟的。后来受到我国文化的影响,人们用传统的手工艺对鼻烟壶的造型等方面进行综合的设计和改造,这在一些文献中都有记录,比如许之衡在《饮流斋说瓷》中的记录:"鼻烟壶佳者多至不可胜记,大抵雍正者多浑圆而长,亦有六角或青花夹紫或釉里红,种种不一,而形体较大者亦可兼作小瓶也,乾隆之制形式较扁,种种均有。"

象牙鼻烟壶

 **鼻烟壶收藏品鉴**

通过不断发展,鼻烟壶在我国逐渐从简单的实用器皿发展成为实用与欣赏兼具的综合性艺术品。《古玩指南》中提到鼻烟壶的具体形状的记载有:"罐之式样亦极繁复,有削肩者,有短脰者,有狭而长者,有圆者,有椭圆者,有三角、六角、八角者等式罐。以素为上,素罐则尤以小者为上。素罐小而削肩,玻璃莹洁,与各种罐迥不相同,美其名曰'美人肩',最为世上人所珍也。"

黄地龙纹缠枝莲鼻烟壶

袖珍雅玩
——鼻烟壶的历史溯源

套色玻璃鼻烟壶

鼻烟壶收藏品鉴

相同材质的鼻烟壶不同时期的造型同样有区别，最佳的造型是清乾隆时期的鼻烟壶。清乾隆时期玻璃和瓷器制作工艺非常发达，同时期制作的鼻烟壶造型合理，变化有致，因此具有出众的艺术效果，主要的造型是扁瓶式，其他的造型还有圆形、椭圆形、瓶形、四方形、长方形、罐形、瓶形凸雕，一些奇怪式样也都有涌现，比如葫芦形、双连葫芦形、青果形、花瓣形、荷包形等。仿照生物制作的瓷鼻烟壶有许多复杂的造型，制作的工艺难度高，技术要求也很复杂，制作出来的鼻烟壶相当逼真，惟妙惟肖。

花鸟珐琅鼻烟壶

山水珐琅鼻烟壶

袖珍雅玩
——鼻烟壶的历史溯源

其他材质的鼻烟壶，比如玉石鼻烟壶，造型的变化就更多了，如瓜、果、梨、桃、鱼、蝉、龟等形态是最多见的，稍稍打磨后进行随形创作，艺术风格更加独特，保留了玉石的美感。雕漆鼻烟壶和珐琅鼻烟壶更加类似玻璃鼻烟壶，造型变化并不明显，主要的造型是扁瓶式或直筒式。

和田白玉鼻烟壶

水草玛瑙鼻烟壶

 **鼻烟壶收藏品鉴**

　　鼻烟壶收藏虽不是一个大的种类，但器物的材质却综合了陶瓷、玻璃、玉石和珐琅等各种类型，甚至装饰上还利用了书法、绘画的因素，包罗万千。这都给收藏带来了难度，但另一方面，也蕴含了更多的收藏趣味。

珐琅彩鼻烟壶

清代玛瑙鼻烟壶

Snuff bottle

精巧绝伦——
鼻烟壶的制作和装饰

鼻烟壶的构成

一个完整的鼻烟壶包括壶盖、壶塞、壶匙和壶身等部分。壶盖能够防止鼻烟洒落和走味儿，还可以装饰鼻烟壶，使用漂亮的壶盖可以给鼻烟壶增色。常见的瓶盖造型包括平头盖、圆头盖、官帽盖、随形盖、雕花盖、镶嵌盖等，瓶盖由许多种材质做成，常见的材质包括料、珊瑚、翡翠、碧玺、松石、玛瑙、铜等。通常来说，壶盖和壶身要用不同材质做成，比如白玉的壶身可以搭配珊瑚材质的壶盖，翡翠材质的壶身则可以使用碧玺的壶盖。

五彩人物鼻烟壶

天然翡翠鼻烟壶

精巧绝伦
——鼻烟壶的制作和装饰

壶塞使用的材质主要是软木或桦树皮，塞子和壶匙是连接在一起的。壶匙用来取鼻烟，为匙状。通常来说，壶盖和壶塞也是相连的。壶匙的主要材质是象牙、竹、木、金、银等。

鼻烟壶的壶身主要是扁腹或鼓腹的形状，壶身的膛要足够大；壶口的大小要合适，大口使用更方便，小口则密封性更好。

市井风情内画鼻烟壶

鼻烟还有一些其他的用具，如烟碟、烟漏、烟铲、烟荷包等。烟碟是用来放置鼻烟，方便吸食的器具。清代人平时喜欢互敬鼻烟，可是鼻烟倒出来的时候放在哪里都是不合适的，于是产生了烟碟。烟碟有不同的形状，如圆形、方形、椭圆形和随形等。烟漏其实就是小型的漏斗，上口大底口狭窄，用的时候先放到鼻烟壶的口上，以便把鼻烟装入壶中。烟铲的性质类似铲子，是用来将大口鼻烟瓶中铲出的鼻烟再放入烟漏中；烟铲的另一边很细，可以把烟铲插到烟漏中搅动鼻烟，用以确保鼻烟快速漏到鼻烟壶中。烟荷包则是装鼻烟壶的包装物，主要的材质是丝绸、锦缎，上面经常用精美的绣花图案来装饰。

清代乾隆老鼻烟壶

鼻烟壶的器型

鼻烟壶一般是工匠借鉴其他器物的特点制作出来的,因此造型多种多样。鼻烟壶常见的造型有瓶壶式、肖形壶、随形壶、连体壶等。

粉彩鼻烟壶

江南风景珐琅彩鼻烟壶

精巧绝伦
——鼻烟壶的制作和装饰

◆ 瓶壶式

瓶式或壶式是最主要的鼻烟壶造型。这种造型的设计灵感是瓷器，利用瓷器中的圆瓶、扁瓶、方瓶、葫芦瓶、蒜头瓶、扁壶、樽罐的类型创作而成，只是尺寸有压缩，细节有改变。

铜胎珐琅彩鼻烟壶

花开富贵珐琅彩鼻烟壶

◆ 肖形壶

该造型的题材来源相当多，如鱼形、海棠形、竹节形、白菜形、荷包形等。总体来说，就是瓜果梨枣、飞鸟虫鱼、人物风景，题材内容很广泛。

◆ 随形壶

这种造型的鼻烟壶多是使用玉石天然造型作为器型，因而得名"随形"，特别是白玉带皮籽料制作出的鼻烟壶相当美丽。料鼻烟壶、瓷鼻烟壶也常用随形壶的造型。

 **鼻烟壶收藏品鉴**

◆ 连体壶

顾名思义，多个壶连起来便是如此，主要的类型包括双连壶、三连壶、四连壶等样式。连体壶内能够装许多味道的鼻烟，主要的连体壶造型是双连壶，双连的造型还包括双胆瓶、双葫芦瓶等。

不但有单体的鼻烟壶，还有套装的鼻烟壶，套装的鼻烟壶出现在清乾隆、嘉庆时期。套装鼻烟壶就是把几个鼻烟壶整合起来，整合的类型则包括了五件套、八件套、十件套和十二件套等，这些鼻烟壶使用檀木或楠木盒材质进行盛装。套装鼻烟壶是清代皇宫鼻烟壶制作工艺的最好体现。

铜胎珐琅双连体鼻烟壶

百子图水晶内画鼻烟壶

精巧绝伦
——鼻烟壶的制作和装饰

鼻烟壶的材质

玻璃

玻璃是一种古老的材料，源于西方，成分与今日的日用玻璃基本相同。在中国古代，玻璃的珍贵程度不亚于玉石。考古发掘资料表明，我国最早的玻璃工艺出现在东晋南北朝时期，其制作工艺到清代时达到巅峰，玻璃制作得到皇家的重视，品种繁多，颜色可以达到几十种，造型和加工工艺非常成熟。清代档案相关的记录表明，清代内官办作坊造办处下设的玻璃厂，从康熙到宣统，一直在进行玻璃的生产。

周乐元款内画李鸿章雅玩鼻烟壶

青花彩绘瓷器鼻烟壶

鼻烟壶收藏品鉴

  清代造办处的玻璃厂是由传教士纪理安主持建成的，主要负责为皇室成员制作玻璃制品。后来，这里的玻璃产量不能满足皇家的需求，雍正年间在圆明园也建立了玻璃厂。正是由于清代皇室的重视，玻璃制作工艺进入了一个崭新的时期。

料器鼻烟壶

内画红料器鼻烟壶

精巧绝伦
——鼻烟壶的制作和装饰

西洋人物玻璃鼻烟壶

鼻烟壶收藏品鉴

根据现有的资料统计，清康熙时期已经创作的玻璃种类包括单色玻璃、珐琅彩玻璃、套色玻璃、刻花玻璃和洒金玻璃等，其中最常见的便是玻璃的鼻烟壶。下面我们就对主要的几种玻璃鼻烟壶进行具体的介绍。

内画鼻烟壶

浮雕鼻烟壶

内画鼻烟壶

精巧绝伦
——鼻烟壶的制作和装饰

◆ 单色玻璃鼻烟壶

使用一种颜色的玻璃吹制和磨制的鼻烟壶便是单色玻璃鼻烟壶。这种鼻烟壶有许多颜色种类，比如宝石红、宝石蓝、宝石绿、砗磲白、豇豆红、苹果绿、藕荷紫、胭脂红、鸡油黄、鼻涕青等。

清代蓝色玻璃鼻烟壶

红玻璃鼻烟壶

浅蓝玻璃鼻烟壶

 鼻烟壶收藏品鉴

红玻璃素胎鼻烟壶

单色玻璃鼻烟壶

精巧绝伦
——鼻烟壶的制作和装饰

◆ **彩色玻璃鼻烟壶**

吹制的过程中把不同颜色的玻璃混合到一起,最终制作出来的鼻烟壶在纹路上就会很美观,有的玻璃像缠丝玛瑙,有的玻璃纹路很像翡翠,玻璃可以仿制任何玉石的纹理,十分美丽。

内画鼻烟壶

黄色玻璃鼻烟壶

青花彩绘鼻烟壶

◆ 洒金玻璃鼻烟壶

"金星料"洒金玻璃是清康熙时期出现的一个创新的品种。据记载,清康熙四十四年(1705年)康熙帝巡幸江南时,至苏州接见巡抚宋荦,赏赐给他两个洒金蓝玻璃瓶。洒金的玻璃瓶就极可能是出自内务府,专供皇帝御用或赏赐的。洒金蓝玻璃便是按照阿富汗的青金石仿造出来的,仿造的工艺很复杂。制作洒金玻璃鼻烟壶的工艺已知的包括两种,一种是先把玻璃熔化,然后掺入细密的铜末或金末,通过这种工艺制作的玻璃,便可以发出金属的光泽;另一种则是将玻璃熔化,然后加一些铜的颗粒,这样熔炼出来的玻璃料,有金星璀璨的感觉,相当美丽。

◆ 套色玻璃鼻烟壶

套色玻璃又名"套料",制作单色玻璃的时候,使用两种或更多颜色玻璃,经热塑、粘贴、嵌包等工艺,把不同颜色的玻璃熔合到一起制作而成的。套色玻璃鼻烟壶是清康熙时期的工艺创造,是玻璃成型工艺与雕刻工艺相结合的产物,这同样也是我国玻璃工艺史上的杰出发明。

套色玻璃鼻烟壶

套色玻璃鼻烟壶

精巧绝伦
——鼻烟壶的制作和装饰

套色玻璃鼻烟壶

 **鼻烟壶收藏品鉴**

套色玻璃的制造工艺包括两种：

1. 玻璃胎上蘸上一层或几层其他色彩的玻璃料，制作完成后使用雕琢玉石的工艺，根据设计要求或制作者的创意，仔细雕刻每一层的玻璃，剔除多余的部分，使用雕刻的花纹装饰。套色的玻璃包括套三色、套四色，甚至套五色、套六色的多种类型。同一层或者不同层的玻璃上使用多种颜色的颜料雕刻成不同的花纹，即在玻璃胎上满套与胎色不同的另一色玻璃，然后在外层玻璃上雕刻出花纹。

套色玻璃鼻烟壶

精巧绝伦
——鼻烟壶的制作和装饰

2. 先把色料加热到半熔的状态，然后直接描画在胎体上。制作之后的器物会有凸雕效果，既有玻璃的质色美，又有凹凸有致的立体感。清代学者赵之谦在其著作《勇庐闲诘》中对于这件事有描述："时（康乾之时）天下大定，万物毁富，工执艺事，成求修尚，于是列素点绚，以成文章，更创新制，谓之曰套。套者，白受彩也，先为之质曰地，则玻璃砗磲珍珠，其后尚明玻璃，微白，色若凝脂，或若霏雪，曰藕粉。套之色有红有蓝，更有兼套曰二彩、三彩、四彩、五彩或重叠套，雕镂精绝。康熙中所制浑朴简古，光照艳烂若异宝。乾隆以后，巧匠刻画，远过詹成，矩凿所至，细入毫发，扪之有棱。"详细讲述了套色玻璃的制作时间，另外还对清康熙、乾隆时期套色玻璃种类和风格的不同进行了介绍。套色玻璃还分套一色和套多色。"套彩"具体区分为白地套红、套蓝、套绿、套黄等，这是套色玻璃当中的主流部分。

套色玻璃鼻烟壶

凤纹珐琅鼻烟壶

鼻烟壶收藏品鉴

除了这些种类，还有"兼套"，这种套色方式是在玻璃胎上套两种以上色彩的玻璃器。根据文献记载，这种工艺出现在清康熙时期，不过到现在还没有发现清康熙时期套色玻璃器实物。现在尚存的而且流传范围很广的套色玻璃器物是清乾隆时期的作品。在玻璃艺术中，套色玻璃的工艺相当精美，备受人们的喜爱。

清代传统纹饰套色玻璃鼻烟壶

套色玻璃鼻烟壶

◆ 玻璃胎珐琅彩鼻烟壶

玻璃胎珐琅彩便是广为人知的"古月轩",这种玻璃工艺是清代的首创。目前,最早的玻璃胎珐琅彩实物收藏于我国台北的"故宫博物院",藏品是绿地珐琅彩竹节式鼻烟壶。在北京故宫博物院收藏的玻璃胎珐琅彩器物最早是清乾隆时期的。鼻烟壶上没有准确年款,因此无法确定清康熙时期是不是出现了玻璃胎珐琅彩器。但根据珐琅彩在其他材质的器物上的使用情况进行判断,可以推测清康熙时期很可能已经出现了这种工艺。

珐琅的起源地是欧洲,是一种从矿物中提炼而来的釉料,大约在清康熙年间传入我国。珐琅要研磨成粉末,然后才能够在金属胎、玻璃和瓷的胎体上描画多种花纹和图案,以及许多条纹和色彩的调和等,调和的时候多用水而忌用油。入窑烧炼后,便制作出颜色浓烈、质地莹润光泽的珐琅品种了。珐琅相比粉彩有一些鲜明的特色,比如颜色明亮,比粉彩明快。

彩绘人物鼻烟壶

 **鼻烟壶收藏品鉴**

金属

鼻烟壶的材质有许多种，金属类材质的鼻烟壶并不是主要的类型，但却是已知的我国自己制作的最早的鼻烟壶品种了。

清代镶玛瑙银鼻烟壶

金属鼻烟壶常见的材质是铜胎、金胎和银胎，最主要的类型是铜胎，金、银的胎体相对少见。

金属拥有非常好的延展性，在金属胎体上雕刻纹路图案相当简单、方便，而且不易损坏，因此得到了工匠的青睐，特别是北方的游牧民族喜欢使用银胎的鼻烟壶，镶嵌绿松石、珊瑚装饰，其工艺与蒙古、西藏地区的寺庙法器、日常用品类似，故而称为"蒙镶"。

紫铜镏银铜凤纹鼻烟壶

精巧绝伦
——鼻烟壶的制作和装饰

金属鼻烟壶工艺技术的提升，也给其他装饰方式的出现提供了可能，最初的鼻烟壶装饰都是素面或简单雕刻纹饰的，后来逐渐发展出了珐琅工艺，珐琅工艺中还区分为画珐琅和掐丝珐琅。画珐琅是清康熙时期与西洋交流和进行贸易之后逐渐引入我国的，不仅清宫造办处可以制作，北京、扬州、广州都有相应的制作。掐丝珐琅由于工艺复杂，制作量少，存世量也少。掐丝珐琅兴起于明代的景泰年间，主要的釉料为蓝色，所以称为"景泰蓝"。

西洋铜胎彩绘鼻烟壶

铜胎掐丝珐琅鼻烟壶

| **鼻烟壶收藏品鉴**

清晚期镏金烧蓝鼻烟壶

铜胎画珐琅的工艺是先在胎体表面烧制珐琅釉彩,然后再画图案。是清代康熙年间从法国传入我国的。

康熙初年设立的造办处的主要职能就是负责督造器物。造办处一直都设置有玻璃和铜器的专门生产部门。康熙皇帝不但喜欢这些西洋的器物,还请传教士来提供技术指导,中国的能工巧匠把珐琅技艺进一步发展为一门精美的艺术,我国也成了世界上珐琅技术领先的国家,因此,珐琅作鼻烟壶通过贸易到达欧洲后,在17世纪更是成了欧洲国王和富商所追捧的精巧之物。那时,中国的鼻烟壶通过欧洲的商船、罗马教廷的使者、基督教传教士、不同国家的使臣和随行者迅速传播到欧洲和日本、俄罗斯等国,至今仍珍藏在各国的国家博物馆内,一部分精美的鼻烟壶成了私人收藏家的珍藏。

精巧绝伦
——鼻烟壶的制作和装饰

清代乾隆掐丝珐琅鼻烟壶

　　珐琅彩鼻烟壶主要使用铜胎，金、银胎相对较少。胎上要加白釉作为底色，再用各种彩釉描绘图案纹饰，经过烧制、镀金等工艺，最终呈现出多彩的珐琅装饰效果。烧制完成的珐琅彩是非常鲜明的。除了铜胎画珐琅鼻烟壶外，铜胎掐丝珐琅鼻烟壶则是要使用扁铜胎然后焊上不同的纹路，中间使用彩釉来填充，最终磨平做成掐丝工艺鼻烟壶，此种工艺是我国的独特技艺。

　　铜胎珐琅鼻烟壶常见的造型是扁圆式、荷包式、孔雀尾式、桃形式、葫芦式、八棱式、四方式等。常用的装饰图案则有山水、人物、花鸟。鼻烟壶中常可以看到西洋人物。鼻烟壶盖常用到铜錾花镀金。这种工艺融合了多种技术精华，鼻烟壶中的极品之作便是清康熙时期的铜胎珐琅鼻烟壶。

　　清代的画珐琅鼻烟壶价值很高，在鼻烟壶之中也属于价值最高的品类。画珐琅使用的技术是不同的，有的图案并非绘画的作品，而是使用笔蘸上釉点出来的，图案有相当不错的立体感，这种装饰技法来源于西洋画法的启迪。再有金胎的画珐琅，胎体的上口、底足部分使用纯金做成，胎身本身还是铜的，整个胎体都是纯金的鼻烟壶并不多见。

# 鼻烟壶收藏品鉴

玉石

我国人民一直都有佩戴玉石的传统，玉被认为是高尚德行的代表，是君子风度的象征。使用精美玉石制作的鼻烟壶则是鼻烟壶中的上品。最常见的如白玉、玛瑙、水晶、翡翠、碧玺、绿松石、青金石、孔雀石、珊瑚、蜜蜡等，不同的玉石有不同的外观。比如玛瑙，玛瑙的种类中除了有花玛瑙外，还有冰糖玛瑙、影子玛瑙、缠丝玛瑙、公孙石玛瑙和玉带玛瑙等。

玛瑙鼻烟壶

缠丝玛瑙鼻烟壶

清代缠丝玛瑙鼻烟壶

精巧绝伦
——鼻烟壶的制作和装饰

使用如此多样的玉石制作的鼻烟壶,让人目不暇接。宫廷当中有"京作"的鼻烟壶,另外苏州玉作坊中也有给宫廷制作的"苏作"鼻烟壶,这种鼻烟壶是玉鼻烟壶中的最佳品种。美玉经过工匠的细心雕刻,成为人们爱不释手的掌中珍玩。下面详细介绍一下玛瑙鼻烟壶。

迎客来白玉鼻烟壶

玛瑙鼻烟壶

素玛瑙鼻烟壶

鼻烟壶收藏品鉴

白玉鼻烟壶

水晶鼻烟壶

精巧绝伦
——鼻烟壶的制作和装饰

玛瑙鼻烟壶

玛瑙主要的矿物成分是石英，化学成分则是二氧化硅。如果按照条形结构进行区分，则包括了条纹玛瑙、碧玉玛瑙、红珊瑚玛瑙和水胆玛瑙。如果按照颜色区分，则有红玛瑙、白玛瑙、灰玛瑙、紫玛瑙、黄玛瑙和羊肝玛瑙。如果按照条纹区分，则有杂草玛瑙、缠丝玛瑙和玳瑁玛瑙等。玛瑙中价值最高的是红玛瑙，"玛瑙无红，一世受穷"则是对红玛瑙的最好评价。我国很多地方都出产优质的玛瑙，比如辽宁西部、吉林扶余、内蒙古东部及新疆等地。

玛瑙鼻烟壶

 **鼻烟壶收藏品鉴**

　　玛瑙鼻烟壶常见的造型包括方圆形、扁圆形、瓜棱八角形、葫芦形等，使用的纹饰有人物、动物、植物、龙凤、书法、山水等。雕刻的工艺则有巧雕留皮色、浮雕、立雕、刻花等。清代的时候，蒙古族人民很喜爱玛瑙，马背民族吸闻鼻烟可以提神醒脑，抵御疾病。一件上好的玛瑙鼻烟壶值几匹上好的骏马。每当家里来客人，蒙古族人民则要在门外迎接，恭敬地鞠躬后，就要取出鼻烟给客人吸闻，之后邀请客人进入室内。

　　玛瑙有许多不同的颜色和形状不同的花纹，制作鼻烟壶的时候，经常要用到巧雕俏色的工艺，通过这些工艺来展现玛瑙的颜色和自然条纹，表现纹饰色彩的装饰功能，不但富有情趣，而且匠心独运。

　　玛瑙鼻烟壶要求有更加精细的雕刻工艺，外形的特点是口小腹大，内膛与膛间雕挖极薄，将玛瑙鼻烟壶落水而不沉底，这更是印证了"玛瑙水上漂"的说法。

老玛瑙鼻烟壶

玛瑙鼻烟壶

精巧绝伦
——鼻烟壶的制作和装饰

瓷器

　　清代最早使用的鼻烟壶便是瓷器类鼻烟壶，瓷器鼻烟壶是使用得最多的鼻烟壶，瓷器鼻烟壶是一个大类，由于较少受原料、工艺的限制，因此有十分多样的纹路和造型。常见的纹路有青花、釉里红、青花加紫、一道釉、粉彩、斗彩、珐琅彩等，还有很多仿制著名烧窑的鼻烟壶品种。

青花鼻烟壶

青花鼻烟壶

 **鼻烟壶收藏品鉴**

龙凤纹釉里红鼻烟壶

青花鼻烟壶

青瓷鼻烟壶

精巧绝伦
——鼻烟壶的制作和装饰

　　清代的制瓷工艺有巨大的发展,著名的景德镇还专门设立了给皇家制作瓷器的"御窑厂",大量生产官窑瓷器鼻烟壶。御窑生产的鼻烟壶不仅供皇室使用,很多的鼻烟壶还被赏赐给王公大臣,或者给外国使臣作为礼物。瓷器鼻烟壶里最珍贵的无疑是那些御题诗词的鼻烟壶,还有一种鼻烟壶上有浮雕的和雕瓷的人物类,具有相当鲜明的艺术特点。由于可以做出相同造型和相同图案的鼻烟壶,因此制作的时候还生产了许多成套的鼻烟壶。套壶使用的时候可以装不同味道的鼻烟,另外还可以用来表示日历。例如,"一日一雀",初一拿带有一个鸟雀图案的鼻烟壶,初五则可以把玩绘制有5只鸟的鼻烟壶,这样能轮换着赏玩,还可以帮助记忆日期,真可谓别出心裁。

十八罗汉瓷器鼻烟壶

五子夺莲瓷器鼻烟壶

鼻烟壶收藏品鉴

祭红瓷器鼻烟壶

彩绘瓷器鼻烟壶

竹木牙角匏

使用象牙和犀角制作的鼻烟壶是相当珍贵的,因此也成了收藏的珍品。

老象牙鼻烟壶

精巧绝伦
——鼻烟壶的制作和装饰

牛角鼻烟壶

犀角镶铜鼻烟壶

象牙鼻烟壶

 鼻烟壶收藏品鉴

牛角鼻烟壶

精巧绝伦
——鼻烟壶的制作和装饰

竹木类鼻烟壶使用的材料并不昂贵,因此鼻烟壶的珍品中难见这些材料,很多的竹木鼻烟壶都是利用竹木天然形成的纹理,然后再用浮雕或嵌丝的方式制成的,天然成趣。

匏器类鼻烟壶便是利用葫芦作为基础做成的。通常在葫芦生长的时候添加一个模具,葫芦按照模具的特点生长,模子内壁如刻有图案,葫芦长成后表面便有了这些图案,可以制作出许多浮雕内容。葫芦天然形成,但是模子的工艺是复杂的,葫芦也不一定按照模具的形状来生长,100个里面也难以寻觅一个完美的葫芦,清宫廷和民间都有此类制作。

印度小叶紫檀鼻烟壶

匏器鼻烟壶

漆器

漆器既具有实用价值,审美的价值也很高,是我国非常著名的工艺制品。经过几千年的历史发展,到清代时,漆器工艺已经趋于顶峰,品类繁多并有多变的造型,而且制作精良,漆器用品遍布生活之中,漆鼻烟壶便是其中的一种。

 **鼻烟壶收藏品鉴**

　　清代,很多地方都制作漆器,不但宫廷的造办处制作漆器,在苏州、扬州、杭州、广州、成都等地区都有漆器制作,漆鼻烟壶的生产量并不多,因此更加珍贵。漆鼻烟壶使用不同的工艺可以制作出雕漆鼻烟壶、描金漆鼻烟壶两种。

　　雕漆鼻烟壶通常来说胎体是木或铜,制作壶之前需要髹漆,漆的厚度足够之后使用刀雕饰图案。雕刻出来的图案必须是富有层次和立体感的。依据不同的漆料颜色,雕漆又分为剔红、剔黄、剔黑、剔彩等种类,最常见的颜色种类是剔红。剔红鼻烟壶使用的胎体是铜材质,雕漆鼻烟壶常见的造型包括扁瓶式、葫芦式等,还经常雕刻山水和人物的图案、花鸟鱼虫和吉语等。在山水人物的图案中主要雕刻的是巍峨的山峰、苍劲的松柏、涓涓的细流、精美的亭台楼阁、形象生动的人物等。尽管雕刻的内容繁多,可是有丰富的层次和灵动的感觉,充分展现了工匠们的高超技艺。

剔红花鸟纹鼻烟壶

剔红人物鼻烟壶

精巧绝伦
——鼻烟壶的制作和装饰

描金漆鼻烟壶主要使用木胎，基本的制作工艺就是漆地上描画纹饰或图案。这种鼻烟壶主要是利用褐色漆描金，有许多的美丽造型，比如葫芦式、双鱼式等，还有鲤鱼和蝙蝠等图案，表达了对美好生活的渴望。此类鼻烟壶胎薄体轻，描金精细，华美多姿。

特殊材质

上面介绍了制作鼻烟壶的各种材质，在这些常见材质之外还有部分稀有的材质，如鹤顶红、鲨鱼皮、大珍珠、狗宝等。

绿松石鼻烟壶

贝壳象牙雕皂式鼻烟壶

鼻烟壶收藏品鉴

青金石鼻烟壶

精巧绝伦
——鼻烟壶的制作和装饰

孔雀石鼻烟壶

鼻烟壶收藏品鉴

鼻烟壶的制作

通过了解不同材质鼻烟壶的制作工序，对鉴定鼻烟壶的真伪和断代十分有用。鼻烟壶的体积并不大，但具体的工艺流程和大的器物相差无几。不同材料制成鼻烟壶后，还需要使用不同的技术手段进行装饰。清早期，玻璃工艺的发展差不多已经达到鼎盛，各种新型工艺技术的成熟运用促进了清代玻璃鼻烟壶制作工艺的迅速提升。它是清代玻璃工艺发展的典范和艺术化的代表。

玻璃类鼻烟壶

清代玻璃类鼻烟壶可以占到鼻烟壶总量的1/3左右，在鼻烟壶体系中占据了相当重要的地位。玻璃鼻烟壶的种类有单色、复色、叠色兼套和玻璃胎画珐琅。鼻烟壶制作成型后需要进行装饰，装饰的方式和艺术手法是多样化的，初看很复杂，入门之后就会变得简单，收藏者可以品鉴出玻璃材质鼻烟壶具体价值有多大。玻璃类

点金素身蓝玻璃鼻烟壶

精巧绝伦
——鼻烟壶的制作和装饰

螭龙纹红玻璃鼻烟壶

鼻烟壶的坯体多使用吹制的方式做成，制作的胎体分为薄胎和厚胎，制作坯体需要实践的操作经验。通常，玻璃鼻烟壶形有圆有方、有长有扁，还有葫芦、瓶等造型。

 **鼻烟壶收藏品鉴**

清代玻璃鼻烟壶在制作工艺上有一定特点：

1. 单色玻璃鼻烟壶：这种鼻烟壶使用不同颜色的着色剂制成，因此有着各异的颜色。鼻烟壶的最终颜色容易受温度等其他条件影响。单色玻璃鼻烟壶的种类包括透明玻璃、半透明、不透明3种。单色玻璃鼻烟壶通常是素面，坯体用吹制工艺做成，然后加以雕刻加工。另外，还有使用二次热塑法和减地浮雕法做成的，如鼻烟壶的肩部如果有耳饰，便会用到热塑成型技术，再经琢磨而成。其琢磨工艺与玉石的雕刻工艺方法相同。

清代乾隆山楂红玻璃鼻烟壶

蓝玻璃鼻烟壶

红玻璃鼻烟壶

精巧绝伦
——鼻烟壶的制作和装饰

2.彩色玻璃鼻烟壶：这种鼻烟壶上有美丽的纹理，通常是仿照天然宝石、玛瑙、绿松石的纹理制作而成。这种鼻烟壶的成型工艺是绞胎（料）的方法，用许多颜色各异的玻璃料，加热到半熔状态加工牵拉，做出美丽的纹理。有一种鼻烟壶将绞胎和套色工艺结合到了一起，具体工艺是在绞胎玻璃上套上颜色料然后打磨加工做成，制作工艺更为复杂。彩色玻璃鼻烟壶使用的装饰物是熔化后一次调配完成，如仿玳瑁、仿鸡肝石等质地纹理特点，都是因为玻璃当中有花斑和色块的原因。制作工艺不同于绞胎方式，成型的时候需要加入一些熔化的颜色玻璃料块，最终制造出美丽的效果。还有一种以不同颜色玻璃块经熔化而表面黏到一起并且聚合成不同颜色的斑块，中间如果有浸润的情况，便是彩色玻璃中的特别种类。多彩金星玻璃就是在烧制过程中添加特殊的材料，如金、银细屑（或掺入云母、铝箔等），之后经过熔化便出现了许多彩色斑点。

彩色玻璃鼻烟壶

古典人物彩绘鼻烟壶

鼻烟壶收藏品鉴

3.套色玻璃鼻烟壶：这种鼻烟壶的套色方式有整体和局部的区别，也有多层多色叠套，另外还有兼套的方式，即在有色玻璃胎上套一种或多种颜色的玻璃，然后打磨加工。叠套和兼套都可以依据工艺师的具体设计图样加工，其制作方法相同，可是却有不同的装饰效果。它更能体现浮雕或圆雕图案，然后工匠加工制作后便可以创造出逼真的自然层次感与艺术效果。

玻璃胎珐琅彩鼻烟壶

清代套色玻璃鼻烟壶

玉石类鼻烟壶

玉石类鼻烟壶常用的材质是翡翠、玛瑙、水晶、碧玺等，制作的工艺就是利用传统的玉器加工工艺。

水晶鼻烟壶

和田白玉鼻烟壶

和田玉鼻烟壶

水晶鼻烟壶

精巧绝伦
——鼻烟壶的制作和装饰

加工玉石类鼻烟壶具体的工艺顺序包括选料、画样、锯料、砣料、打眼、掏膛、做坯、磨光细作、镌刻细部花纹、铭款、抛光、作旧。加工玉石首先要选料,然后因材施艺。画样的意思就是利用锯来画玉,在玉料上先使用墨线描绘出具体的轮廓,然后进行构思和设计,这都要求匠师本身具备出色的艺术造诣。再用轧砣切去多余部分。加工的材料大小不一样,便需要使用不同大小的轧砣。

水晶鼻烟壶

 **鼻烟壶收藏品鉴**

竹篓纹翡翠鼻烟壶

加工玉制鼻烟壶极重要的工序便是打眼。主要的加工工具包括金刚钻、竹筒、槽范及绷弓。打眼后的工序便是掏膛，也称为"串膛"，使用管钻在鼻烟壶的内部钻上小孔，然后再利用细砂石、金刚石进行细节打磨。打眼和串膛的工艺难度是很大的。经过这两道工艺，便可以使用砣子在器物表面制作出不同的纹饰、诗文，雕刻字迹要求更细致的工艺，装饰雕刻的难度是非常之大的。对玉器表面进行加工后，还需要最后一步的抛光，常用的抛光工具是胶砣和皮砣。加工这一步的顺序是从局部到整体，对细节的要求是很高的，加工到鼻烟壶的外表圆润无痕，不留一点儿琢磨痕迹方止。

和田玉鼻烟壶

精巧绝伦
——鼻烟壶的制作和装饰

翡翠、玛瑙、水晶类材质的鼻烟壶在加工顺序上和玉质鼻烟壶相差无几。玉质或玛瑙常用到俏色及留皮的加工工艺,这两种材料在开料成型后便需要工艺师傅针对不同材料的内部纹理、色斑和皮色的形状、颜色,进行整体的图案设计,然后利用精致的小砣子将不需要的部分剔除干净,保留下浅浮雕需要的石斑或俏皮的部分。使用巧雕的加工工艺,制作出来的产品可以说是浑然天成,这种工艺非常依赖制作者的艺术想象力和高超的手艺。

影子玛瑙鼻烟壶

水晶鼻烟壶

087

鼻烟壶收藏品鉴

南红玛瑙鼻烟壶

水晶鼻烟壶

瓷质类鼻烟壶

清代瓷质类鼻烟壶的类型很多，通过研究传世的鼻烟壶，可以发现瓷质鼻烟壶的釉包括高温颜色釉、低温颜色釉和结晶釉。按照纹饰和图案区分则有釉上彩和釉下彩，具体的种类包括白釉、豇豆红釉、郎窑红釉、蓝釉和茄皮紫釉等。上面提到的各种釉彩均属于高温色釉瓷，要使用氧化铜等金属氧化剂作为呈色剂，在高温还原的环境中烧制完成。常见的胭脂红釉还被称作胭脂水釉、抹红釉、珊瑚红釉、炉均釉，这些釉彩是低温烧制出来的。胭脂水釉使用的呈色剂是黄金，这种装饰釉需要用白釉作为底色，首先进行低温烧制，然后利用吹釉法，把带有金屑的胭脂水釉吹在白瓷上面，最后再次入窑低温烧制完成。最终的图案交织着红、白两色，相当美丽。此色的鼻烟壶官作、民作都有生产。

清代青花鼻烟壶

清代青花鼻烟壶

鼻烟壶收藏品鉴

青花釉里红鼻烟壶

釉里红鼻烟壶

精巧绝伦
——鼻烟壶的制作和装饰

釉下彩瓷鼻烟壶常见的种类包括青花、釉里红、青花釉里红。在坯体还未烧制之前就要使用氧化钴或氧化铜在坯体表面描绘出不同的纹路,在图案上再施以无色透明釉,然后使用高温烧制完成。鼻烟壶有非常柔润的表面,颜色经久而稳定。青花釉里红顾名思义,就是在瓷胎上面使用青花和釉里红等两种色彩进行装饰,蓝红辉映,特别醒目,这是瓷质鼻烟壶的主要品种之一。釉彩鼻烟壶当中的墨彩、金彩、五彩和粉彩都属于釉上彩,这种胎体的制作办法就是在胎体上面用白色釉料装饰然后进行烧制,接着在白釉胎面使用多种颜色装饰,最终低温烧制而成。使用这种工艺制作出来的纹路略微凸起,这种色彩的纹饰,有很强的视觉冲击力和艺术魅力。

青花釉里红鼻烟壶

清代釉里红瓷鼻烟壶

鼻烟壶收藏品鉴

斗彩瓷鼻烟壶通常使用釉下青花在坯体的表面描绘出图案的纹路轮廓，然后在坯体表面挂上透明釉，进行烧制，再用釉上彩在轮廓内填涂具体的纹饰和图案。这种装饰工艺结合了釉下青花和釉上彩瓷，流行时间不长，现存的实物不多。

清代乾隆珐琅彩鼻烟壶

西洋珐琅彩鼻烟壶

西洋珐琅彩鼻烟壶

精巧绝伦
——鼻烟壶的制作和装饰

瓷雕鼻烟壶加工的时候会用到圆雕、浮雕、镂雕、堆塑等多种工艺。圆雕是在坯体的表面雕刻立体的人物、动物，然后在雕刻表面使用彩绘装饰，最后进行高温烧制，这样能使装饰具有立体感。浮雕鼻烟壶常用的雕刻工艺包括高浮雕和浅浮雕，雕刻的过程是在鼻烟壶坯体使用贴、塑、刻的手法创作出凸起的装饰，然后在坯体的全身涂单色釉彩，最后高温烧制完成。堆塑工艺是使用堆雕、捏塑、贴、刻的工艺技法在瓷胎表面上进行装饰的技法，这种装饰方式能够让图案凸起，然后再施加颜色釉彩制作而成，装饰效果类似高浮雕。

青花釉里红鼻烟壶

民国黄杨木鼻烟壶

鼻烟壶收藏品鉴

百宝嵌剔红鼻烟壶

桐荫仕女图剔红鼻烟壶

其他质料鼻烟壶

　　木质鼻烟壶常用到的木材有黄杨木、红木、桦木、木豆等，常用雕刻工艺制作完成，常用的装饰工艺有圆雕、浮雕、阴刻等。其着力精细的微雕和精湛的工艺，要求雕刻的刀工细润，木质鼻烟壶的艺术风格非常古朴。

　　漆器鼻烟壶主要的类型包括剔红、剔黑。坯体的材质主要是金、银、锡或木材质，坯体使用红漆装饰，制作工艺很复杂，漆有时候需要上二三十层，最少也需要上八九层，在漆还没有全干的情况下描绘图案，然后进行雕刻，这就是雕漆工艺。此类鼻烟壶雕刻手法讲究细致圆润，常见的雕刻题材包括人物、山水、历史故事等，雕漆工艺追求的空间效果是悠远深邃。雕刻的办法有层层雕刻和减地浮雕，雕刻手法相当细致。清代，常见剔红鼻烟壶。剔红鼻烟壶中最珍贵的是枣红色的鼻烟壶，传世品甚少。装饰的技法中还有雕漆镶嵌瓷片的，制作这种鼻烟壶需要先开光漆器，按照不同的开光大小镶嵌瓷片，是一种漆器和瓷器相结合的传统工艺手法。

精巧绝伦
——鼻烟壶的制作和装饰

竹黄鼻烟壶即竹子制作的鼻烟壶,颜色清淡雅致,常见油一样的光泽,质地细腻,虫蛀情况较少。清代制作的竹黄鼻烟壶还是利用木胎,然后把竹黄使用煮、晒、压、展、平的各种工艺翻过来粘贴到木胎表面,最后进行打磨和抛光。另外,还有在竹黄表面雕刻出不同的纹路,雕刻的工艺更精细,常见的是阴纹线刻,不使用浮雕、透雕的方法。竹黄鼻烟壶也有使用镶嵌工艺的,是清代特有的一种工艺方法。

匏器鼻烟壶使用的葫芦是在木或陶制作的模具中生长出来的,使成长期的葫芦按照模型畸形生长。便可以生长出四方形、长方形、瓜棱形、葫芦形的鼻烟壶。使用模具还可以制作花纹和各种别的图案。匏器鼻烟壶是一种特别的工艺品。匏器鼻烟壶制品有非常致密的质地、光滑的外观,因为自然生长,并没有断接痕迹,色彩有深浅的区别,质量很轻而且不透气。其范制成功率很低,特别是范制诗文,有一笔不足便不成字。因此,匏器鼻烟壶非常珍贵,最罕见的种类便是带有文字的鼻烟壶,传世品甚少。

团龙纹竹黄鼻烟壶

清代匏器鼻烟壶

 **鼻烟壶收藏品鉴**

内画鼻烟壶

　　内画鼻烟壶也称"里画烟壶",是我国众多鼻烟壶中的一个品种,简称"内画壶"。起源于清嘉庆、道光年间,经过200多年的发展,以其独特的艺术形式在鼻烟壶艺术中独占鳌头。

　　中国传统艺术的全部技艺如绘画、书法、烧瓷、施釉、碾玉、冶犀、刻牙、雕竹、剔漆、套料、镶金银、嵌螺钿、贴黄等,都曾用于鼻烟壶上,它融书法、绘画、雕刻于一体,是一种综合艺术。

　　内画鼻烟壶的题材主要有花鸟、草虫、人物等,到清末时,内画鼻烟壶的技法和立意均达到较高水平,国画精髓尽在其中。著名的内画鼻烟壶艺人有周乐元、叶仲三、马少宣等。

日暮江水内画鼻烟壶

边疆赛马内画鼻烟壶

精巧绝伦
—— 鼻烟壶的制作和装饰

周乐元早年是一位宫灯画师,后专攻内画壶艺术。作品题材丰富,有山水、人物、花鸟、草虫及书法,尤其擅画山水,以构图精巧、笔力秀劲著称。叶仲三擅画古典人物,如中国古典名著《红楼梦》《水浒传》《三国演义》等书中的插图,兼画山水、花鸟、草虫等题材。其作品色彩鲜艳而有情节,线条流畅,栩栩如生。马少宣以"一面诗一面画"的内画技艺见长,作品题材广泛,有山水、人物、花草、虫鱼、书法等。其中以人物肖像、书法最有特色,人物肖像以墨彩为主,画面栩栩如生,书法工整严谨,字体挺拔刚劲。

内画鼻烟壶艺术发展至今,题材更为广泛,也涌现出一大批名家。他们在继承传统的基础上,发挥自己的风格,取长补短,相互融合,精益求精,使这一传统工艺得到空前的发展。

内画鼻烟壶

叶仲三款人物故事纹鼻烟壶

清代琥珀鼻烟壶

 鼻烟壶收藏品鉴

鼻烟壶的装饰

鼻烟壶加工工艺经历了从粗至精，由简到繁，从素面到雕刻，然后发展到彩绘的过程。鼻烟壶综合了多种工艺，可以说是整合了雕刻、镶嵌、绘画等工艺的杰出艺术品。

一世清廉翡翠鼻烟壶

白瓷鼻烟壶

雕刻工艺

当我国伟大的雕刻工艺应用在鼻烟壶上时，出现了许多工艺技法的创新。通常来说，玉石类，金属类，竹、木、牙、角类的鼻烟壶常用雕刻工艺装饰。

民国象牙鼻烟壶

玛瑙鼻烟壶

鼻烟壶收藏品鉴

象牙鼻烟壶

螭虎老象牙鼻烟壶

  鼻烟壶中常见的雕刻工艺包括线刻、浮雕、圆雕、镂雕。线刻综合了雕塑和绘画，使用线条来展现具体的图案。浮雕工艺则像是绘画和圆雕工艺的结合，浮雕能够在鼻烟壶的表面雕刻出凹凸起伏的图案，浮雕的种类包括浅浮雕、中浮雕和高浮雕，雕刻的深度如果达到材质厚度的2/5时，便可以称为"高浮雕"。圆雕雕刻是立体的雕刻，故而可以在任意角度观赏。镂雕还被称为"镂空雕""透雕"，这种雕刻是在浮雕的基础上，把图案的背景镂空，营造出空灵通透的效果。

浮雕鼻烟壶

精巧绝伦
——鼻烟壶的制作和装饰

下面对几种雕刻的手法进行简要介绍。

◆ 平锻隐起

这是两种工艺技法,平锻的别名是"减地平锻",雕刻出来的效果是凸起的画面和凹陷的部分差不多是平面,装饰的时候使用线刻技法来表达细节部分的内容。第二种技法称为"压地隐起",雕琢面不算高,主体部分是平缓的弧面。通常,这两种工艺技法被笼统地划分在"线刻"当中。单纯的线刻基本在鼻烟壶上看不到,鼻烟壶的浮雕面主要用"平锻"技法,或者以线刻与隐起相结合,重点的图案部分使用隐起处理,而其他枝节则用线刻,这样图案层次明确,重点清晰。用平锻隐起方式操作的鼻烟壶材质主要有白玉、黄玉、青白玉、水晶、玛瑙等,这些材质的硬度比较高。部分玻璃类鼻烟壶,比如仿宝石玻璃或套色玻璃鼻烟壶都是使用这种方式来雕刻。名贵的材质为了惜料,雕刻的图案通常不深,图案内容多借鉴古代器物图案,比方说青铜器上常见的蟠螭纹、古蚕纹、兽衔环铺首耳,及双螭纹、双勾纹等。这种仿古图案非常典雅,装饰的鼻烟壶也是以朴素而庄重见长,收藏者要留心,使用这种装饰方法的鼻烟壶多是清乾嘉时期制作的,虽然装饰方式不算华丽,却非常珍贵,艺术和历史价值相当高。

金蟾送宝玛瑙鼻烟壶

鼻烟壶收藏品鉴

珊瑚鼻烟壶

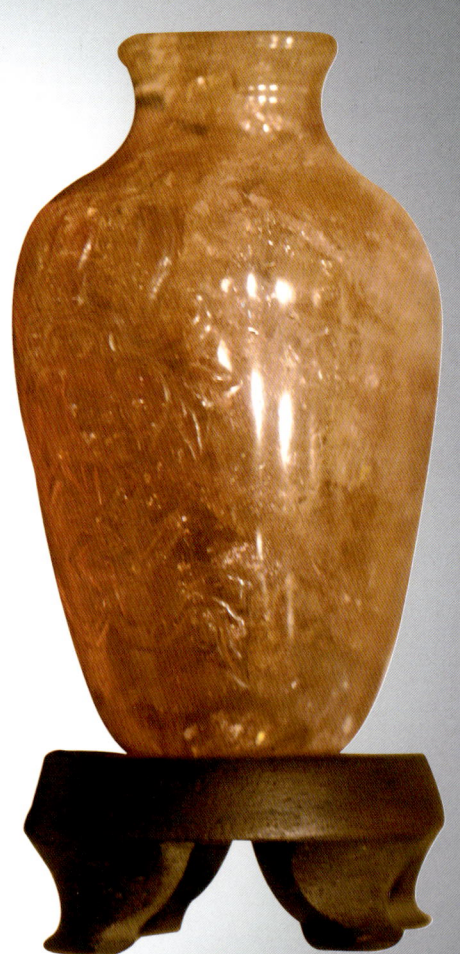
碧玺鼻烟壶

精巧绝伦
——鼻烟壶的制作和装饰

瓜形黄玉鼻烟壶

◆ 减地琢磨

使用减地法琢磨的工艺制作的几何形图案对鼻烟壶进行装饰，这种方式很常见，通常也和其他图案整合起来，比如弦纹、绳纹、网纹和簸箕纹。仅使用几何纹装饰的情况不多见，只有瓜棱形和笸箩形的鼻烟壶上可以看到最简单的几何纹饰。许多鼻烟壶的造型并不是瓜棱形或葫芦形，可能只是利用了垂直分割的棱线装饰壶体，鼻烟壶的整体形状可以是圆的或者扁的，但棱线更加紧密、匀称。

清代巧雕草虫鼻烟壶

松下会客竹黄鼻烟壶

103

鼻烟壶收藏品鉴

巧雕缠丝玛瑙鼻烟壶

◆ 俏色工艺

这种工艺的最大特点就是因材施艺。"艺"指的是特别的图案，不单是纹饰。通常来说，天然的玉石、翡翠、玛瑙材质当中都可以发现色斑、皮瓣，鼻烟壶工艺师巧妙利用了材料的缺陷，因色配图，据色施艺，创造出了很多精美的图案，装饰的图案出自天然，而且超越了天然，图案内容富有强烈的中国化和民族化的特色，比如"松下老人""封侯挂印""年年有鱼"等。俏色雕刻的材料最多的是玛瑙，玛瑙当中常见许多形状和颜色各异的色斑。其次是白玉，黄玉主要是利用黄褐色的皮色或"血浸"。

清代乾隆玛瑙巧雕八骏鼻烟壶

精巧绝伦
——鼻烟壶的制作和装饰

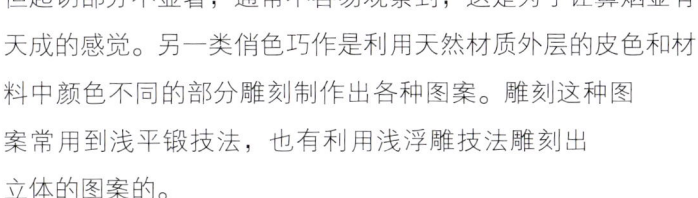

另外，还有翡翠、水晶的俏色创作，俏色创作同样可以按照自然纹理色彩、斑块情况进行具体区分。第一种是玛瑙中常见到的黑色或黄褐色的斑块，另外还有其他形状的皮色，可以按照不同的内部色块，俏色雕刻外部的皮色，组合成生机盎然的图画。使用这种工艺做成的鼻烟壶称为"天然图画"鼻烟壶。俏色鼻烟壶中很少有全部取自自然、不加任何琢磨的材料，通常都是需要配合琢磨。琢磨加工的难度是很大的，通常要考虑到色斑的厚度、雕琢后的颜色和图案的效果。俏色鼻烟壶制作出来的效果类似写意画。这种装饰方式在雕琢上类似于"平锻"，但起切部分不显著，通常不容易观察到，这是为了让鼻烟壶有一种浑然天成的感觉。另一类俏色巧作是利用天然材质外层的皮色和材料中颜色不同的部分雕刻制作出各种图案。雕刻这种图案常用到浅平锻技法，也有利用浅浮雕技法雕刻出立体的图案的。

和田玉鼻烟壶

玛瑙鼻烟壶

  鼻烟壶收藏品鉴

鼠来宝玛瑙鼻烟壶

精巧绝伦
——鼻烟壶的制作和装饰

◆ 浅浮雕

鼻烟壶装饰常用到浅浮雕技法，使用的图案题材很广泛，常见的雕刻纹饰有弦纹、绳纹、回纹和网纹，铺首和局部装饰也有使用，浅浮雕常用的图案是大片的螭虎纹、夔龙纹、花卉纹和山水装饰等。常用浅浮雕的材料包括玉石、竹木和玻璃。局部的浅浮雕装饰主要集中在单色或素身鼻烟壶铺首形耳的部分。铺首形耳的造型是多样的，比如兽首衔环、螭形、饕餮形等。

螭龙纹翡翠鼻烟壶

饕餮纹瓷器鼻烟壶

发晶鼻烟壶

鼻烟壶收藏品鉴

灵芝如意纹鼻烟壶

清代紫晶双螭龙鼻烟壶

水晶鼻烟壶

水晶鼻烟壶

精巧绝伦
——鼻烟壶的制作和装饰

◆ 中浮雕

中浮雕是浮雕工艺的一种，鼻烟壶也常用这种工艺。使用这种工艺的材质有玉、玻璃、珊瑚、琥珀等。雕刻的深度介于浅浮雕和高浮雕之间。通常雕刻的外观是通体雕琢。使用这种方式雕刻的题材主要有瑞兽，如螭虎、夔龙，以及一些吉祥的题材如"福禄万代""四世同堂"，传统民俗题材的"和合二仙""渔翁得利"等。中浮雕常用颜色和雕刻的高度营造一种立体而明显的装饰效果，另外还可以使用天然的皮色创作内容，营造出多样的层次感。

童子牧牛玛瑙鼻烟壶

清代犀牛角鼻烟壶

鼻烟壶收藏品鉴

◆ 高浮雕

高浮雕工艺需要使用层次压缩艺术处理后得到。这种工艺体现在鼻烟壶上的具体例子包括雕漆、雕瓷、牙雕、珊瑚雕与玉石雕。高浮雕通常是通体雕刻成型。许多鼻烟壶使用高浮雕创作时还会用到散点透视，要通体旋转来品鉴全壶，就像是观察全景雕刻。高浮雕主要用在小型浮雕作品中。有的高浮雕鼻烟壶，浮雕面还会超过底面，更像是圆雕，高浮雕作品的常见题材是人物，人物服饰雕刻得很飘逸，极为精美。在象牙雕刻或雕漆即"剔红"鼻烟壶中，常可以用到多层次的浮雕技法，并在浮雕的底面使用地纹进行装饰，这都有利于增强鼻烟壶立体的感觉，也使雕刻的内容题材变得丰富。

和合如意鼻烟壶

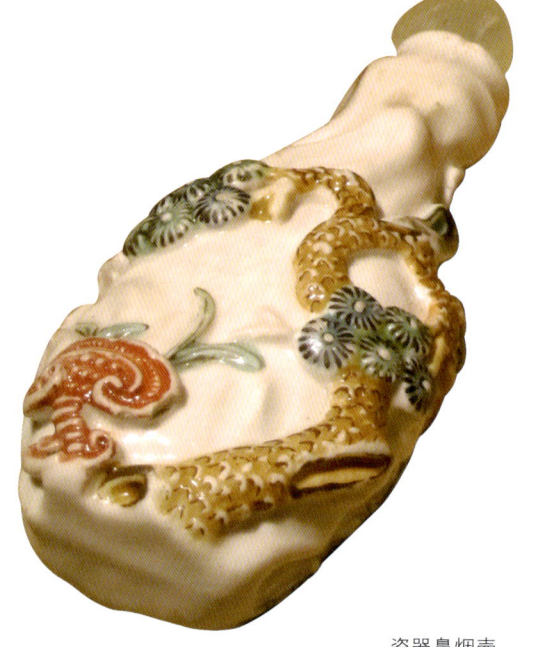

瓷器鼻烟壶

精巧绝伦
——鼻烟壶的制作和装饰

蓝晶石鼻烟壶

蜜蜡鼻烟壶

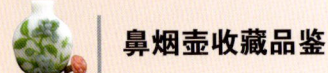 **鼻烟壶收藏品鉴**

◆ 透雕

瓷器鼻烟壶常用透雕技法进行装饰,因而有人将其称为"镂雕瓷鼻烟壶"。透雕有很多形式,有的只在一个局部透雕装饰,剔除底面后,装饰面很类似"剪纸",通透而且精致,主要使用简单重复的几何图案。另一种是在鼻烟壶整体设计出相当复杂的图案,把和主题无关的材质剔除出去,凸显出主题的纹饰。

和田玉鼻烟壶

精巧绝伦
——鼻烟壶的制作和装饰

◆ 圆雕

圆雕工艺是鼻烟壶工艺中常见的类型，雕刻的作品数量很大。从传承的实物看，肖形造型的鼻烟壶基本上都要用圆雕工艺做成。圆雕和浮雕是有区别的，圆雕是立体的雕刻。中国的鼻烟壶在装饰方面，不同时期均有圆雕工艺作品，材质和造型的区别是很大的，可以说是包罗万象。在圆雕技法的使用上，部分作品只是局部使用圆雕工艺，这种作品比较少，大部分鼻烟壶整体就是圆雕工艺品。

黄玉鼻烟壶

紫晶鼻烟壶

鼻烟壶收藏品鉴

镶银嵌宝石蜜蜡鼻烟壶

镶嵌工艺

镶嵌工艺就是在不同材质的鼻烟壶上镶嵌其他材料的工艺，镶嵌工艺主要包括嵌螺钿、嵌宝石、填金、包银等。镶嵌技法在我国的历史非常悠久，特别是嵌宝石、填金银的装饰方式。在我国战国时期便大量出现了镶嵌工艺作品，至汉代已发展出了炉火纯青的"金银错"工艺。在鼻烟壶中，常见到这种传统的工艺技法。在鼻烟壶上使用镶嵌工艺，就更要求细节处理得精美。

镶铜牛角鼻烟壶

壮、蒙等少数民族常用铜、银材质的坯体镶嵌宝石进行装饰，如此装饰的鼻烟壶传世品已较少，这种鼻烟壶多为扁圆形态。这种形态鼻烟壶的出现和草原民族的生活习惯密切相关。通常银嵌宝石的鼻烟壶使用银胎的时候要利用錾花配合宝石镶嵌。

藏银镶南红绿松石鼻烟壶

精巧绝伦
——鼻烟壶的制作和装饰

镶松石玛瑙铜质鼻烟壶

镶宝石鼻烟壶

 **鼻烟壶收藏品鉴**

嵌宝石还被称为"百宝嵌",是在鼻烟壶上镶嵌金、银、碧玉、翡翠、水晶、玛瑙、珍珠、绿松石、螺钿等材质的薄片。百宝嵌能够充分体现出材质的天然质地和色泽,装饰风格很华丽。

多宝鼻烟壶

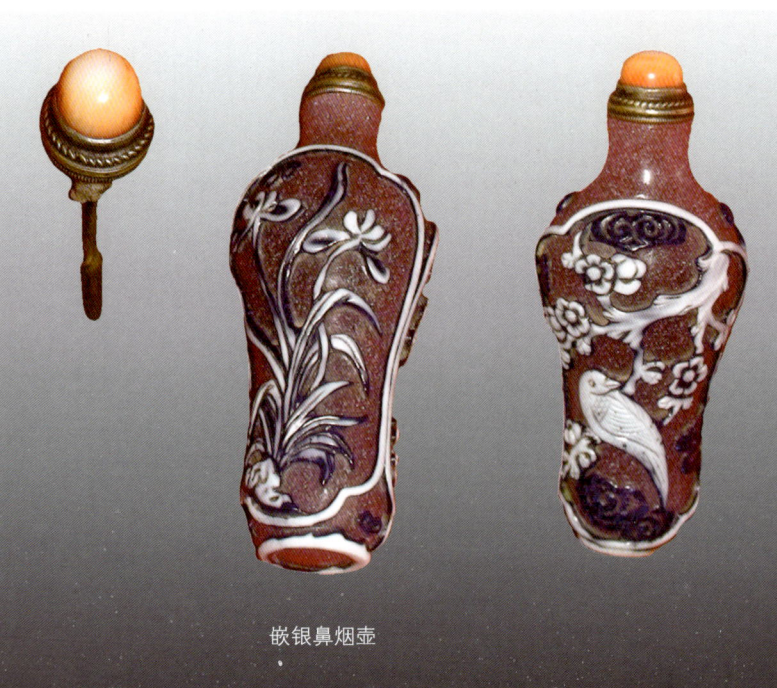

嵌银鼻烟壶

精巧绝伦
——鼻烟壶的制作和装饰

◆ 填金

　　填金工艺又名"戗金"，这种工艺需要在鼻烟壶的表面雕刻出狭窄的槽，在槽沟内填入金、银丝，之后打磨平整，制作出金银丝描绘和勾勒的图案。

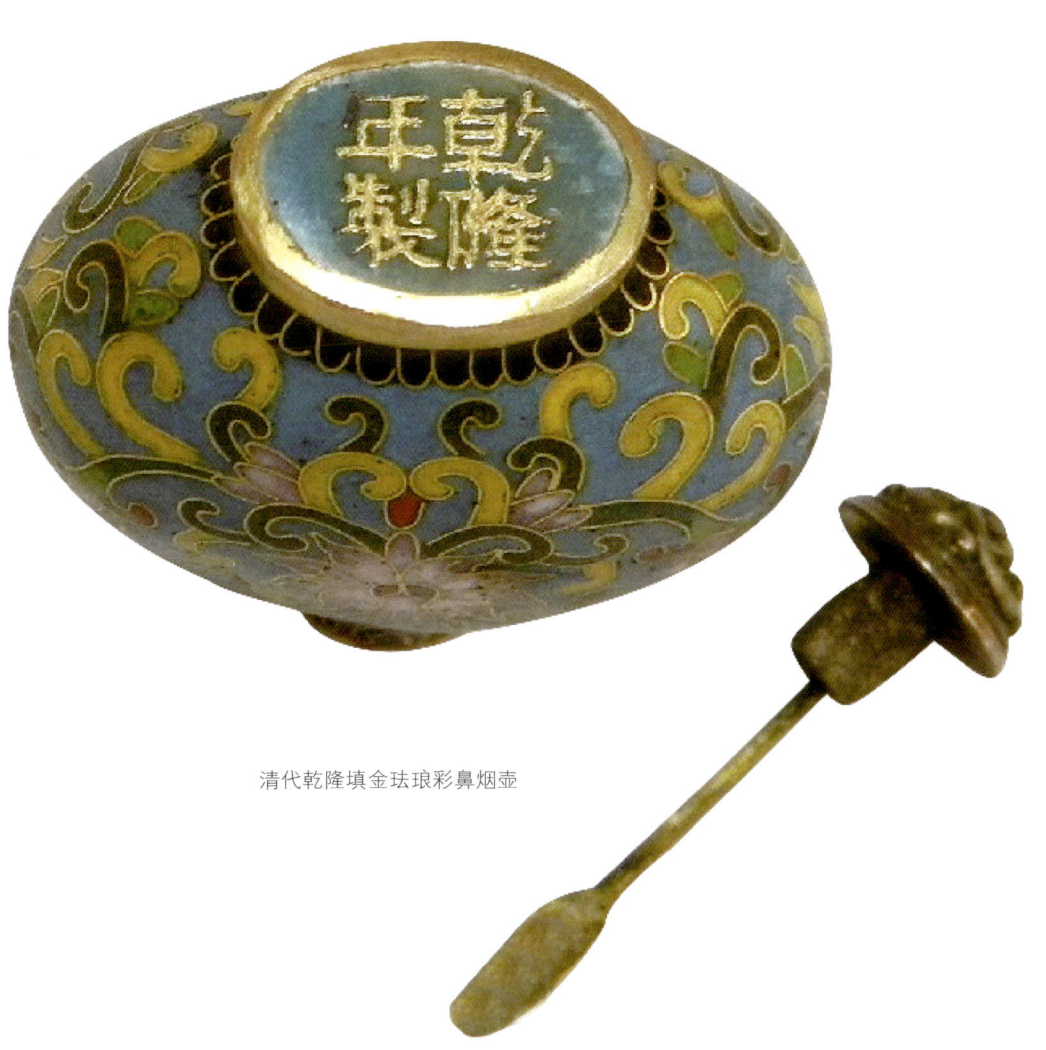

清代乾隆填金珐琅彩鼻烟壶

鼻烟壶收藏品鉴

　　填金工艺的金、银丝能够经历百年时间不变质，纹饰线条会依然古朴。现在流传下来的鼻烟壶当中就能够看到白玉填金丝图案装饰，常见的装饰纹饰包括荷花、菊花、牡丹等，若干种花卉组合起来的情况也很多见。收藏者收藏填金鼻烟壶的时候，就可以仔细观察鼻烟壶的时代特征，通常新仿工艺是很难做到精致美观的。

填金白瓷鼻烟壶

精巧绝伦
——鼻烟壶的制作和装饰

◆ 嵌螺钿

嵌螺钿工艺是将贝壳打磨做成钿片，然后镶嵌到鼻烟壶壶体上的工艺技法。嵌螺钿是镶嵌工艺中非常传统的处理方法。清代的嵌螺钿技术工艺非常出色，正是因为有了皇室的财力，才让这种极耗财力、物力的手工艺得到发展，清代时期的嵌螺钿技法包括几种。用这种方法装饰的鼻烟壶极为精美，可是因为造价昂贵，因此属于不多见的种类。有一种嵌螺钿方式是将裁切成小块的螺钿组合成几何图案粘贴到胎体上。

嵌螺钿技法装饰的工艺包括两种，一是把不同颜色、形状的螺钿组合成图案，图案种类包括人物、花草、鸟兽等；二是把钿片做成图案的组成部分，比如一个人物的局部等。用嵌螺钿装饰的鼻烟壶，图案色彩斑斓，非常美观。

嵌螺钿鼻烟壶

◆ 包金

对不同材质的坯体进行雕镂使用包金、镶嵌宝石和螺钿等手工艺技法制作的鼻烟壶，很有特色。

嵌料鼻烟壶

清代包金犀牛角鼻烟壶

鼻烟壶收藏品鉴

◆ **套镶**

套镶工艺是在鼻烟壶的表面使用开光等方法大面积镶嵌不同材质的工艺。在鼻烟壶的装饰中,现存发现的有珐琅嵌匏器,普通鼻烟壶镶嵌宝石、珍珠等。在铜胎画珐琅鼻烟壶上镶嵌匏器是最典型的方式。

百花争艳套镶鼻烟壶

铜胎画珐琅鼻烟壶

精巧绝伦
——鼻烟壶的制作和装饰

彩绘

绘画装饰在鼻烟壶上用得非常多，主要的工艺类型包括陶瓷彩绘、描金、画珐琅、内画等。陶瓷彩绘是在瓷器坯体上用彩色纹饰进行装饰，主要应用在青花、粉彩、斗彩、五彩、釉里红等许多材质的彩陶鼻烟壶中。最常见的彩绘瓷器是青花鼻烟壶和斗彩鼻烟壶。陶瓷彩绘有纯正的颜色和雅致的造型，绘画细节非常精细，主要的题材有人物、诗文、戏曲故事、山水及花鸟等。

珐琅彩瓷鼻烟壶

◆ 描金银彩绘

描金主要是使用金粉描绘线条和图案，是彩绘的一种。描金工艺通常要结合其他手法，主要应用在漆鼻烟壶和粉彩鼻烟壶上。清乾隆时期的鼻烟壶主要的题材是花卉和人物，细节部分常用描金工艺。

粉彩描金八仙鼻烟壶

 **鼻烟壶收藏品鉴**

居仁堂款鼻烟壶

描金工艺出现于清乾嘉时期。清末曾经出现过描金装饰，不过颜色不够纯正，制作也较粗陋，金银易脱落。描金工艺和填金工艺是有区别的，描金工艺并不在坯体上开槽，故其工艺更难，想要让金、银线的颜色长久保持不褪色，难度不小。

描金工艺常见的装饰种类有漆质鼻烟壶描金图案和粉彩瓷描金。描金使用的图案有很细的线条，有几何形图案、单线勾绘图案、描金勾边和金彩绘图的情况。通常使用描金工艺的胎体底色和金、银要有比较明显的差距，这样能够突出描金的主题，使其熠熠生辉的色彩更加耀眼，全方位提升鼻烟壶的华贵感和艺术感染力。

老景泰蓝鼻烟壶

精巧绝伦
——鼻烟壶的制作和装饰

◆ 珐琅彩绘

画珐琅则是用珐琅彩在胎体上绘饰图案，然后烧制成型。画珐琅起源于15世纪的欧洲，清康熙年间传入我国。

珐琅彩绘鼻烟壶

清代乾隆珐琅彩绘鼻烟壶

鼻烟壶收藏品鉴

　　清乾、嘉两朝对画珐琅很重视，在宫廷的支持下，画珐琅成为清代非常重要的工艺成就之一，画珐琅鼻烟壶更是成了精品之作。画珐琅的坯体有铜胎、玻璃胎、陶胎等。画珐琅是鼻烟壶装饰的重要技法。

福寿双全彩绘鼻烟壶

清代珐琅彩绘鼻烟壶

精巧绝伦
——鼻烟壶的制作和装饰

画珐琅人物图鼻烟壶

玻璃胎画珐琅梅花纹鼻烟壶

最初的画珐琅颜色仅有四五种，后来发展到了十几种至几十种，晕染、重彩、细绘等工艺也越来越常见。金银彩、色彩浓烈是珐琅彩绘重要的特征。

 **鼻烟壶收藏品鉴**

珐琅彩绘的题材主要有中西区别，铜胎鼻烟壶常见西洋绘画题材，玻璃胎质则主要绘制传统的中式题材。清康、雍两朝的鼻烟壶很少看到西洋主题的图案，清乾隆时期西洋图案则很常见。清代末期主要仿制康、雍、乾三朝的画珐琅鼻烟壶，经常能够看到西洋的题材内容，不过水平差距明显，而以中国传统题材尤其是吉祥图案为内容的鼻烟壶制作得还是很不错的。直到百年之前，珐琅彩绘仍在继续生产，不过有了许多内容的变化，艺术成就也无法和清前三朝的鼻烟壶相比较了。

珐琅质鼻烟壶

珐琅彩绘花鸟鼻烟壶

精巧绝伦
——鼻烟壶的制作和装饰

画珐琅常见的花卉题材包括红白梅花、月季花、牡丹、芍药、荷花、茶花、菊花、兰花、仙桃、莲蓬，其他题材还包括缠枝莲纹、团花锦纹、万事如意、岁寒三友等，花卉图案之中有许多变形的装饰性图案，也有许多写实的图案，动物花鸟也有涉及。

珐琅彩绘装饰色彩具有强烈的传统特点。珐琅彩绘都是使用毛笔进行绘画，总体来说色彩装饰效果更出色，写实绘画运用色彩的方式更接近西方油画，尤其是西洋题材的。我国传统题材的绘画比较类似漆画和螺钿画。这几种工艺基本上都处于同一个时代，不过风格是明显不同的。

玻璃胎珐琅彩鼻烟壶

铜胎画珐琅鼻烟壶

鼻烟壶收藏品鉴

画珐琅有若干种表现形式，比如通体环绕彩画、开光单面、四面彩画、通体描绘而两面有不同图案的，纹饰则包括了云头纹、蕉叶纹、荷瓣纹、勾莲纹、几何形图案等。画珐琅的方式是虚实相间，结合了抽象和具象的内容。具体的描绘手法包括工笔重彩、写意渲染、细笔双勾等。玻璃胎画珐琅通常用纯白不透明的坯体，很少使用带颜色和半透明的坯体，最少见的是透明玻璃胎。

珐琅彩绘鼻烟壶

西洋人物珐琅彩绘鼻烟壶

精巧绝伦
——鼻烟壶的制作和装饰

画珐琅鼻烟壶

画珐琅工艺受到了西洋画法的影响，常用到透视画法，人像比例的改变就用到了光线透视及阴阳向背的关系，还有色彩搭配的时候也常用西洋油画的方式，人物的衣服纹饰、背景、装饰用的花卉都用到了西方绘画的技巧。

画珐琅鼻烟壶

鼻烟壶收藏品鉴

◆ 瓷彩绘

综合使用陶瓷釉料和彩料装饰，将国画艺术融合到彩瓷鼻烟壶之中，让瓷质鼻烟壶的装饰展现出异常丰富多彩的魅力。清代青花瓷产量最大而且具有代表性的品种是景德镇青花瓷，景德镇青花瓷的具体种类包括了釉下彩白地青花、豆青地青花、青花釉里红等，其他种类还包括了红彩、墨彩、斗彩、五彩、粉彩等。青花瓷装饰的主题包括花卉、山水、走兽、人物、吉祥内容、历史故事等。另外还有许多种颜色绘制的彩色图案装饰的情况。绘画的画法分为工笔和写意。绘画的形式主要为通体绘画，利用开光进行单面绘画的装饰也有，四方形壶常见四面绘画。

盘龙彩绘鼻烟壶

青花瓷彩绘鼻烟壶

清代道光粉彩山水人物鼻烟壶

精巧绝伦
——鼻烟壶的制作和装饰

彩绘童趣鼻烟壶

瓷彩绘鼻烟壶常用的装饰内容有动物和绘画的图案，比如常见的勾莲纹、朵莲纹、缠枝莲纹、螭虎纹、云龙纹、戏狮纹、双蝶纹、鱼藻纹、五狮纹、九狮纹、鹭鸶莲花纹、牡丹戏蝶纹、葫芦蝙蝠纹等。

清代五子攀桃瓷彩绘鼻烟壶

131

鼻烟壶收藏品鉴

绘画题材常有吉祥的寓意，比如五狮、九狮的寓意是"五世同堂""九世同堂"，鹭鸶莲花的寓意则是"一路连科"，葫芦蝙蝠寓意为"福禄万代"。青花釉里红、青花红彩、青花兼彩色釉的装饰纹饰还有云龙蝙蝠纹，这种纹饰的意思是"洪福齐天"；纹饰中常见的满月、红梅、喜鹊纹则象征着"日日见喜"。有一部分装饰图案的内容是人物、风景、吉祥图案和神话传说，最常见的内容有婴嬉图、牧童横笛、喜鹊登梅、三阳开泰、欢天喜地、连登三科、渔翁得利、钟馗嫁妹、竹林七贤等。单色釉常见的装饰题材包括红彩的百寿图、九狮图、秋江独钓图，墨彩及黑地赭彩绘制的寒江独钓、芝仙祝寿、天女散花、知足常乐、访友图、牧牛图，胭脂水釉制作的云龙七现，珊瑚红釉绘制出的山水人物，仿石釉制作出的墨彩山水等，题材广泛而且画风迥异，方寸大小的鼻烟壶上有如此美丽的图案纹饰，鼻烟壶就好像展开的画卷一样。瓷器鼻烟壶中最多见的题材"秋江独钓""寒江独钓""青溪独钓"等，都是来自于唐代诗人柳宗元《江雪》中的名句："千山鸟飞绝，万径人踪灭。孤舟蓑笠翁，独钓寒江雪。"

白瓷彩绘鼻烟壶

清代乾隆粉彩题诗花卉鼻烟壶

精巧绝伦
——鼻烟壶的制作和装饰

使用斗彩、五彩、粉彩对鼻烟壶进行装饰，融合了绘画和鼻烟壶的艺术特点，制作出了多彩的绘画风格鼻烟壶。如果将青花、釉里红等瓷绘鼻烟壶装饰看成中国画的"墨笔""朱笔""淡彩画"，斗彩、五彩、粉彩便可以看成"设色""重彩画"。工艺师使用不同的颜色在鼻烟壶上绘制出了非常多彩的图案和纹饰，色彩和笔墨技法完美融合，让我们通过方寸鼻烟壶，不但可以领略到我国彩绘瓷工艺的精美巧妙及釉彩和颜色的搭配，欣赏鼻烟壶的装饰内容，还可以了解我国历史、文化、艺术和民俗的内容。这也是鼻烟壶令世人为之倾倒和赞叹的原因。

料胎珐琅彩鼻烟壶

粉彩爵禄封侯鼻烟壶

彩绘锦鸡白瓷鼻烟壶

 **鼻烟壶收藏品鉴**

◆ 内画彩绘

内画装饰工艺出现在清代中晚期。内画的坯体主要是玻璃胎，在鼻烟壶内壁施彩绘画，然后在外面可以看到画的内容。内画装饰比其他装饰方法晚出现了接近一个世纪，但是因为其结合了传统的艺术和鼻烟壶的工艺，因而异军突起，得到人们的追捧。在吸闻鼻烟的习惯逐渐减少后，内画彩绘更是成了鼻烟壶主要的装饰方法，直至今天仍为鼻烟壶的主流装饰方法。

内画料器鼻烟壶

山水内画鼻烟壶

精巧绝伦
——鼻烟壶的制作和装饰

归牧图内画鼻烟壶

  鼻烟壶收藏品鉴

水晶鼻烟壶

精巧绝伦
——鼻烟壶的制作和装饰

拳打镇关西内画鼻烟壶

千里自此共明月内画鼻烟壶

源泉内画鼻烟壶

葡萄美酒夜光杯内画鼻烟壶

 **鼻烟壶收藏品鉴**

　　内画彩绘主要使用的材质是玻璃和水晶,琥珀与玛瑙材质是不常见的。为了着色牢固,许多的鼻烟壶内部都要进行磨砂处理,保证着墨的效果和两面图案的正常显示。品质上佳的鼻烟壶经"串膛"磨砂后的效果就像质量出色的宣纸。墨色绘彩要求匠师具有出众的国画技巧,那样才可以收放自如,绘制出心中的真情实感。此类装饰的内画鼻烟壶主要的造型是扁圆形和扁长方形。匠师通常是按照鼻烟壶的形状创作图案,设计的布局科学严谨。它再现了中国绘画的各种技法和表现形式,使鼻烟壶成为独特的艺术品。

水晶鼻烟壶

精巧绝伦
——鼻烟壶的制作和装饰

三顾茅庐内画鼻烟壶

智取生辰纲内画鼻烟壶

鼻烟壶收藏品鉴

风雪夜归人内画鼻烟壶

精巧绝伦
——鼻烟壶的制作和装饰

使用不同的笔、墨、纸和颜料能够创作出不同风格和不同题材内容的作品，这是国画的特点。在内画鼻烟壶中，创作者使用的笔、墨、颜料和国画是完全一样的，因此完美继承了国画的特点，制造出了不同形式、内容及题材的装饰图案，有一些作品会仿照名家的风格，就好像把名家的作品展现在鼻烟壶上一样。

钟馗内画鼻烟壶

水晶鼻烟壶

141

 **鼻烟壶收藏品鉴**

内画鼻烟壶的彩绘题材是多样化的，不但有国画题材和近代流行的绘画题材，同时还有诗、词、书法及篆刻艺术等，可以说是包罗万象，相比较别的外表彩绘装饰的鼻烟壶，内画鼻烟壶更全面真实地呈现了社会风俗与时代生活气息。

日暮苍山远内画鼻烟壶

百骏图内画鼻烟壶

水晶鼻烟壶

精巧绝伦
——鼻烟壶的制作和装饰

不同的内画鼻烟壶匠师有不同的技巧,而这种个性化的审美通常都是表现在细节部分。内画彩绘装饰有技法的区别,比如淡墨、浓笔、浅绛设色和重彩的区别都是明显的,和国画画家的画风很类似,对于同一题材,不同匠师用墨的技巧也是不一样的,所完成的作品在装饰效果和视觉上都有区别。

万山红遍内画鼻烟壶

十年磨一剑内画鼻烟壶

水晶鼻烟壶

 **鼻烟壶收藏品鉴**

马少宣款息肩图内画鼻烟壶

马少宣款套色玻璃鼻烟壶

　　内画彩绘装饰有风格非常鲜明的构图，比如鼻烟壶的环周通体彩绘，不同面的图案是连接的，前面是主画面。通常两面的内容不一样，比如书和画，互有关系，但形式又各不同。鼻烟壶的两面图案独立的情况也有，如聊斋故事"凤仙"，马少宣的"卧冰求鱼""清白图"等。画面的布局方式多样，综合利用了彩绘和笔墨的技法，总体的装饰效果非常丰富。

马少宣款清代官吏像鼻烟壶

精巧绝伦
——鼻烟壶的制作和装饰

水晶鼻烟壶

鼻烟壶收藏品鉴

内画装饰技法虽然出现的时间不算早,可是取得了非常出色的成就,这就是它能长盛不衰、走遍世界的理由。

内画鼻烟壶工艺发展的过程中涌现出了京、冀、鲁、粤4个流派。

孤舟内画鼻烟壶

水晶鼻烟壶

精巧绝伦
——鼻烟壶的制作和装饰

白雪红梅内画鼻烟壶

　　京派内画鼻烟壶有很强的文人特点，用笔严谨而且画风粗犷，有很深的意境。京派内画鼻烟壶的艺术特点是绘画和书法各占一面，图画内容是山水风景和人物，形象逼真，造型科学，书法功力深厚。

　　冀派内画鼻烟主要的题材是人物的形象，具有布局精巧、生动活泼、线条和上色朴实、高雅的特点。冀派还独创了油彩内画，充分利用了西洋的绘画技巧，并结合了中国的传统艺术。

鼻烟壶收藏品鉴

鲁派内画鼻烟壶大气豪迈,地方特点很强,常使用平涂法。绘画题材多使用民间的故事,比如人们耳熟能详的水浒一百零八将、百骏、百兽、人物故事等。

鸟语花香内画鼻烟壶

内画鼻烟壶

粤派内画鼻烟壶的特点是浓艳的色彩和精致的装饰风格,壶身饰常使用描金的技巧,有鲜明的特点。题材范围较传统,但取材丰富,比如风景、人物、花鸟;图案设计精巧,装饰非常美观,绘画工艺相当细致。

精巧绝伦
——鼻烟壶的制作和装饰

综合装饰工艺

使用多种工艺结合进行鼻烟壶的装饰，装饰的技巧是否精巧直接影响鼻烟壶的艺术价值。鼻烟壶的艺术价值和工艺技法是密切相关的，鼻烟壶收藏者更需要知道这一点。

综合装饰的意思是鼻烟壶的装饰用到两种或两种以上的技巧。综合装饰技巧主要是在鼻烟壶的外壁上进行的。

九龙图料器鼻烟壶

清代乾隆十八罗汉鼻烟壶

 **鼻烟壶收藏品鉴**

套色玻璃鼻烟壶便是使用综合装饰工艺的一种典型的作品。综合装饰工艺主要应用在胎坯套彩与琢磨成器的工艺程序中。另外，特殊瓷质的鼻烟壶的工艺，比如使用雕塑和彩绘、掐丝、镀金、錾胎、錾花的画珐琅工艺，便是将几种艺术呈现在一个鼻烟壶上，而又不同于单纯的琢磨、镶嵌、彩绘等。这种鼻烟壶的装饰技巧更多，代表了装饰艺术的进步和提高，也是多种工艺门类合作的艺术成果，充分展现了鼻烟壶匠师的才能。

画珐琅鼻烟壶

套料玻璃首创于清代时期。这种鼻烟壶是用单色和复色玻璃作为坯体，由多彩叠色圆雕琢刻而成的综合装饰的高档艺术类鼻烟壶。这种艺术是在玻璃胎体上套上超过两种颜色的玻璃，然后使用玉石的雕刻工艺按照设计图案去除掉多余部分，让主题纹饰和浮雕一般呈现到鼻烟壶之上，天然玉石鼻烟壶并不能达到这种艺术效果，当时的人们感叹"灿烂若异宝"。

清代乾隆套色玻璃鼻烟壶

精巧绝伦
——鼻烟壶的制作和装饰

　　套料玻璃鼻烟壶使用的底色通常是涅白玻璃胎，和不同色彩的玻璃组成不同的方案，比如白套红、白套粉红、白套蓝、白套绿、白套黄、白套黑等，所选择的套色都是深色和浓烈的颜色，制造出了鲜明的效果。还有色地套单色的鼻烟壶，比如蓝套绿、黄套蓝、酱黄套绿、浅黄套深黄等，底色和套色都是重色，这样组合起来的色彩具有层次性，比天然宝石的色彩更好。还有少量的透明玻璃地套色，装饰风格也很有特色，比如透明套蓝、套红、套绿、套黑等，套色之后，还可以在套色的颜色基础上雕刻出图案。比如红的套色可以雕刻成表现喜庆色彩的"鹿鹤同春"图案、套绿雕琢葡萄纹、套黑雕琢猫蝶纹。

套色玻璃鼻烟壶

 **鼻烟壶收藏品鉴**

　　套色玻璃鼻烟壶合理整合了内容和形式，还增加了许多传统的文化艺术元素，进一步增加了鼻烟壶的艺术价值。使用套料工艺加工制成的鼻烟壶制品的另一个工艺成就，表现在图案题材和装饰内容的完美整合。玻璃套料宫廷制品鼻烟壶中，装饰题材还是利用了我国传统玉器和瓷器题材所用的题材内容，比如龙虎、梅花、葡萄、秋趣、双鲤、骏马、螭虎、云龙、折枝花卉、莲瓣荷花、鱼蟹花鸟等。另外还有许多具有吉祥意义的图案。

雕花套色玻璃鼻烟壶

精巧绝伦
——鼻烟壶的制作和装饰

套色玻璃内画鼻烟壶

套色玻璃鼻烟壶

鼻烟壶收藏品鉴

叠色兼套鼻烟壶装饰的时候常用到玉器的雕琢工艺。鼻烟壶本身是几层套色，工艺大师经过一番雕琢，在晕染、渗透、交融中，用不同颜色的深浅层次和人物的行为特征准确地表达出国画的那种韵味。雕刻的手法包括琢、磨、雕、刻、镂、抛光等，雕刻的工艺包括薄意雕、浅浮雕、高浮雕、圆雕、透雕等。

雕瓷粉彩装饰属于瓷质鼻烟壶综合装饰的一种。雕瓷的工艺技法有高浮雕和浅浮雕，通常高浮雕不多见。北京故宫博物院旧藏雕瓷粉彩赤壁图鼻烟壶，便是一件非常珍奇的、使用高浮雕工艺制作的综合工艺鼻烟壶，雕刻精细，人物表情相当生动，浮雕处理的时候还用了多层次压缩的办法，可以说是稀世精品。雕瓷鼻烟壶通常不使用圆雕工艺，官作此类鼻烟壶传世极少，而民作的普品有一定的存世量。

粉彩人物鼻烟壶

德化窑白瓷鼻烟壶

白地粉彩玻璃鼻烟壶

Snuff bottle

鉴宝藏珍——
鼻烟壶的收藏与保存

 鼻烟壶收藏品鉴

鼻烟壶的收藏

几百年的时间内,鼻烟壶的制作工艺日趋成熟,涌现出了很多制作鼻烟壶的大师。除了我国博物馆之外,外国很多博物馆都有鼻烟壶的收藏。现在我国民间对于鼻烟壶的收藏日趋火热。收藏鼻烟壶门槛低,升值空间却很大。鼻烟壶整合了许多工艺,如绘画、书法、珐琅、雕刻、镶嵌等,制作鼻烟壶的材质有许多种,如玉、宝石、瓷器、料器、漆器、金属、竹木牙角等。不同的材料中还有不同的种类,比如瓷器就包括了青花、五彩、粉彩等类型。一个小小的鼻烟壶,几乎涵盖了我国大部分的传统工艺技法。因此,鼻烟壶可以说是我国工艺美术的奇迹。

农家乐内画鼻烟壶

青花瓷鼻烟壶

玛瑙老鼻烟壶

资料显示,从 20 世纪 90 年代出现鼻烟壶拍卖之后,鼻烟壶在市场上的价格出现了数倍的上涨。收藏界普遍认为,鼻烟壶的收藏还会继续火热下去,鼻烟壶的价格还会有不小的升值空间。

翠玉鼻烟壶

 **鼻烟壶收藏品鉴**

  鼻烟壶收藏入门的门槛不高,可是学问很深。鼻烟壶使用的材料和工艺相当复杂,如果能够对鼻烟壶足够了解,再涉足其他收藏品类就会容易得多。最初,收藏鼻烟壶的爱好者肯定会犯一些错误,这就要注意不要购买价值很高的鼻烟壶,这样,即使买错了也还是能够承受的。

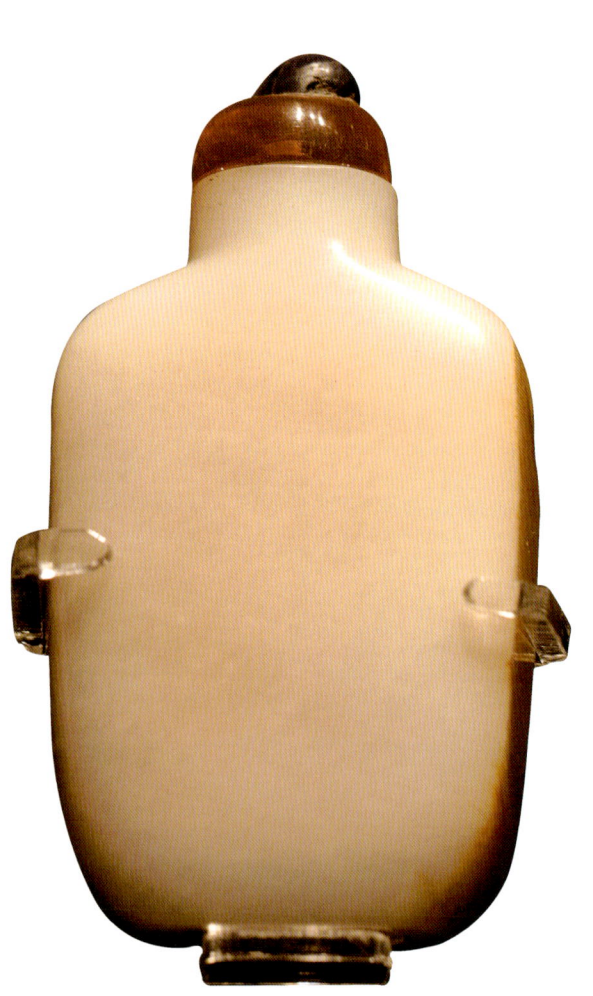

清代白玉鼻烟壶

象牙鼻烟壶

民国初年的著名收藏家赵汝珍对于鼻烟壶的收藏有一些独到的见解，他认为鼻烟壶不存在真伪区别，不同的鼻烟壶只有品质的好坏差别，品质包括质料、做工和画工等。

鼻烟壶的材质为金、银的通常价值较高，玉质的鼻烟壶价值也不菲，玉质鼻烟壶中最名贵的是羊脂玉鼻烟壶。玛瑙鼻烟壶使用俏色工艺加工的品质不错，玛瑙鼻烟壶如果可以"水上漂"的话，价值会更高。收藏玛瑙鼻烟壶的时候，刚开始可以收藏素器，然后再考虑入手巧雕工艺的玛瑙鼻烟壶。使用高透明度水晶做成的鼻烟壶具有很高的收藏价值。

周乐元款内画花卉纹鼻烟壶

清代玛瑙方形鼻烟壶

清代嘉庆白玉鼻烟壶

 **鼻烟壶收藏品鉴**

瓷鼻烟壶中价格最高的是景德镇官窑制作的产品,清代各地民窑也烧制了大量鼻烟壶,其中不乏上乘之作,北京故宫博物院中收藏的鼻烟壶主要是地方官员进献给朝廷的。瓷胎鼻烟壶存世量较大,入门的收藏者可以考虑,入门的收藏种类有青花和青花釉里红,拥有了一定的收藏经验后便可以去研究收藏粉彩等较高档的品种。收藏市场上最常见的鼻烟壶是玻璃鼻烟壶。玻璃本身并不名贵,因此玻璃鼻烟壶更看重工艺。

最珍贵的玻璃鼻烟壶便是"古月轩",即画珐琅料鼻烟壶。现在收藏市场上有很多,近10年中的成交额估计过亿元。清代时有收藏者认为珊瑚鼻烟壶可以和金玉鼻烟壶相媲美,可见珊瑚鼻烟壶的珍贵,目前市场上珊瑚鼻烟壶的价格也比较高。琥珀鼻烟壶分为几种,最珍贵的琥珀鼻烟壶使用金珀做成。使用香珀制作的鼻烟壶香气盎然,以色佳者为好。鉴别琥珀鼻烟壶时要特别注意提防松香假冒,需要观察鼻烟壶质地是否足够细腻,真品琥珀用刀测试不易留下痕迹。象牙鼻烟壶早年有用象骨、虬角假冒的,近年来还有使用骨粉和塑胶混合物进行伪造的。

琥珀鼻烟壶

古月轩款老黄釉鼻烟壶

鉴宝藏珍
——鼻烟壶的收藏与保存

古月轩款珐琅彩鼻烟壶

琥珀鼻烟壶

 **鼻烟壶收藏品鉴**

　　内画鼻烟壶的名家之作一直都是市场上收藏者追捧的收藏种类，价格较高。通常以1949年为界限区分成新壶和老壶。老内画壶大部分出自于京、鲁两派的名家之手。老派内画大师创作的精品之作可以说是可遇不可求的，审美价值和收藏价值都非常高，因此有很大的上升空间。

　　新派内画大师制作的精品在价格上也有了定论，整体来说是上升的，市场前景相对出色。优质的鼻烟壶主要集合了形态美、材质美和工艺美。形态美的要求是颈正口圆、膛空壁薄、有相对流畅的线条。材质美说的是使用贵重的材料，另外还需要注意俏色。工艺美综合来说是工匠的手艺和创意，制作的工艺出众、色彩和谐、意境深远。若能收藏到自己心仪的鼻烟壶，平时把玩欣赏的时候肯定也会舒服惬意。

百蝶图内画鼻烟壶

蔬果内画鼻烟壶

鉴宝藏珍
——鼻烟壶的收藏与保存

鲤鱼内画鼻烟壶

综合来说，选购鼻烟壶要注意几点：首先鼻烟壶要有精美的造型，器物的造型匀称；其次壶盖、锦套等以原装为好；最后要观察器物的色泽和做工，雕工、画工要求更精细，不能草率。

渔内画鼻烟壶

蝉内画鼻烟壶

 **鼻烟壶收藏品鉴**

鼻烟壶的投资方向

我国的鼻烟壶同时具备了小巧玲珑、美丽多彩、质料丰富、造型多样、装饰精致的特性。普通的收藏者很容易被鼻烟壶的美丽所陶醉，但面对林林总总的鼻烟壶家族成员，经常会感觉不容易入手，因为没有足够的收藏知识，从而感觉到非常无力。从鼻烟壶的收藏与投资方面来说，保持正常的心态，从简到繁，一步一步地进步是最科学的。千万牢记，刚上路的新手不可能那么容易捡漏；还需要牢记只有"买家买错"的市场法则。鼻烟壶收藏者在开始收藏时要注意鼻烟壶的3个内容：历史、文物和艺术的价值。充分了解了3个方面的内容，才可以找到品质出众而且有收藏价值的鼻烟壶。鼻烟壶体积小、变化多、材质多，收藏的朋友可以按照喜好来自行选择。

传统人物鼻烟壶

虫草内画鼻烟壶

鉴宝藏珍
——鼻烟壶的收藏与保存

墨玉鼻烟壶

翡翠鼻烟壶

特色收藏

　　从收藏单类专题特色鼻烟壶开始，先要选择一类鼻烟壶进行收藏，比如只收藏瓷质、玻璃、竹木雕刻类的鼻烟壶；或者只收藏生肖类、花卉类、山水类题材，不限定具体材质的鼻烟壶；还可以只选择某个私人堂斋和具体内画艺术品类的鼻烟壶；收藏人物和宗教内容的鼻烟壶也是可以的。

昭君出塞内画鼻烟壶

 **鼻烟壶收藏品鉴**

双鱼内画鼻烟壶

隆中对内画鼻烟壶

鉴宝藏珍
——鼻烟壶的收藏与保存

收藏爱好者应综合考虑自己的财力和收藏经验,选择最合适的收藏品种来进行。一个人无论其物质条件有多么优越,如果盲目进行收藏,也会被别的收藏者嘲笑。对于有一定经济实力的收藏者,可以去收藏带有年款的官作壶,或者"古月轩"等带有私人款识的作品。

如果个人条件有限,进行专题特色收藏是比较好的。在自己的认知基础上,不断学习新的收藏内容,坚持收藏,也可以成为业界的收藏名家,有一定成就时,别人还会把你看成某个门类的行家。收藏切忌无目标。鼻烟壶具有不同的品类、质地、造型、时代及装饰艺术风格,这给收藏者进行选择和定位提供了很大的空间。通常来说,人们会按照自身财力、眼力和魄力做出收藏的决策。

缠丝玛瑙方形鼻烟壶

民国白玉鼻烟壶

鼻烟壶收藏品鉴

糖白玉鼻烟壶

和田玉鼻烟壶

珍奇贵重

如果进行鼻烟壶收藏已经有了三年五载，在全国各地古玩市场锻炼了一定的鉴别能力，那便可以按照自己的能力收藏稀少和贵重材质制作的鼻烟壶。特别是清代至民国稀有质地的鼻烟壶，如用和田白玉、翡翠、稀有宝石类制作的鼻烟壶，因为原材料迅速减少，老壶的价值会迅速提升。

李白内画鼻烟壶

白树林内画鼻烟壶

鉴宝藏珍
——鼻烟壶的收藏与保存

白玉鼻烟壶

目前，市场上的和田玉籽料和老坑翡翠的价值两三年便会翻番。因此，选择收藏宝玉石类鼻烟壶，属于一种投资保值，而且可以等待升值的行为。许多的宝石鼻烟壶并没有多余的装饰，就是清新素雅，但是材料质地出众，造型设计别出心裁，多为宫廷制品，而且主要是"乾隆年制"款，时代既早，又有较高的艺术和观赏价值，因此成为收藏界的珍品。比如一件带有纪年款的玻璃画珐琅鼻烟壶，如果是官作的，那价格肯定很高，通常玻璃鼻烟壶更容易缺损，保存完好的传世作品不多，它们都具有永恒的收藏价值。

螭纹和田玉鼻烟壶

万里长征内画鼻烟壶

169

鼻烟壶收藏品鉴

有一些铜胎画珐琅鼻烟壶上面有清乾隆年间的款识,不过清末光绪时期出现了一批仿造的乾隆铜胎掐丝珐琅,因为真品难寻,民间的铜胎画珐琅作品更少,其图案主要是国画的花卉、人物,有鲜艳的色彩,器物造型仿清乾隆扁壶式,部分仿制品的工艺相当精致,因而虽然不是真品,但还是有一定收藏价值的。所以,今天收藏之风盛行,不但体现了对收藏品本身的尊重,而且体现了民众对艺术品的审美追求,艺术品的价值因此得到体现。

象牙鼻烟壶

清代老翡翠鼻烟壶

素胎翠玉鼻烟壶

以壶养壶

很多的收藏者在收藏的过程中看到了"老壶",便会选择马上买下。三五年下来,用自己的零花钱也收集了几十把甚至一两百把鼻烟壶。然后和收藏爱好者交流后发现,自己收藏的鼻烟壶只有数量,缺少了主题和特色。这个道理就如同集邮一般,邮票品相不错,数量也不少,可就是无法进行展览。普通收藏者多会走过这段曲折的路程。盲目地选购鼻烟壶的行为不是收藏,收藏需要确定主题和项目,否则只能当一个"杂家",只有详细归类才是"专家"。许多的收藏大家都走过学习的历程,入门者尤其要学习成功收藏家的做法。

珐琅彩绘鼻烟壶

玛瑙鼻烟壶

 **鼻烟壶收藏品鉴**

先要分析自己的藏品,找好定位,然后和其他收藏者交流沟通,交换需要的藏品,将不符合主题的藏品放到古玩店中出售,最后还需要收集信息参加"鼻烟壶专场拍卖会"等。通过整理自己的收藏,不但把多余的藏品消化掉了,同时还把资金盘活了,提升了自己收藏鼻烟壶的档次,定位明确,丰富了专业收藏的种类,赢得了藏友和专家的尊重。

羊脂白玉鼻烟壶

清代青金石鼻烟壶

许多国内的收藏爱好者都喜欢参加专场的拍卖会。这种拍卖的方式是双向的,能够满足多个收藏者的需求,多数收藏者尝到了做"减法瘦身"方式的"甜头"。

人物形象内画鼻烟壶

丁二仲款水晶内画鼻烟壶

升值空间

内画鼻烟壶出现在清代光绪年间,这种艺术整合了诗书和画印的内容,因而受到了收藏者的追捧。其中早期著名内画大师如周乐元、马少宣、叶仲三、丁二仲、孟子受、毕荣九等工艺名师制作的内画鼻烟壶可以说是蜚声中外。许多作品都进入了清宫内廷,后来还有一部分流到国外的博物馆,或者被私人收藏家收藏。想要进行内画鼻烟壶的收藏,需要了解名家派别和创作工艺师的个人艺术风格,熟悉作品的时代背景。另外,清末至民国有"名头"的内画艺人的鼻烟壶具有一定文人风范、雕刻技术比较精巧的,都具备了增值的可能,因此都有收藏价值。

叶仲三款内画鼻烟壶

 **鼻烟壶收藏品鉴**

现存的清末民国时期的老内画鼻烟壶并不多见，鼻烟壶收藏者应该收藏现代中青年鼻烟壶制作者的创作作品。利用中国现代和当代书画家所带来的名人效应进行中长期的收藏投资，有限选择有上升空间的内画工艺师，5~10年以后，一定会有丰厚的回报。

古月轩款花鸟纹鼻烟壶

翡翠鼻烟壶

鉴宝藏珍
——鼻烟壶的收藏与保存

鼻烟壶的保存

　　收藏者收藏每一件鼻烟壶作品，都要付出自己的心血。平时淘鼻烟壶的时候，寻宝如大海寻针，甘苦自知，如果能够找到一把出众的鼻烟壶，那种感觉就如同上天眷顾一般。鼻烟壶也有损坏和老化的风险，平时更需要精心保存。下面对鼻烟壶的收藏保存进行一些介绍。

鲁智深大闹野猪林内画鼻烟壶　　　　　　　清代翡翠鼻烟壶

鼻烟壶收藏品鉴

1. 考虑鼻烟壶的材质

保存鼻烟壶最需要考虑的内容就是鼻烟壶本身的质地，按照不同的材质进行保存是基础。

珊瑚、竹木、琥珀类材质的鼻烟壶要考虑保存的环境，基本的要求是通风，同时注意防潮。玉器类鼻烟壶，质地坚硬，通常来说环境影响较小，可是得注意保持器物表面的干净和润泽，把玩时最好戴上棉质手套，避免鼻烟壶的外壁出现划痕，还要经常用柔软的丝绒布擦拭。

珊瑚鼻烟壶

清代琥珀鼻烟壶

老玛瑙鼻烟壶

鉴宝藏珍
——鼻烟壶的收藏与保存

龙凤呈祥珊瑚鼻烟壶

老琥珀鼻烟壶

 **鼻烟壶收藏品鉴**

　　石类材质的鼻烟壶最容易出现裂纹，因此要注意避免放到干燥的环境中，并要经常用湿布擦拭。竹木材质的鼻烟壶，可能沾染脏物，气温如果干燥炎热则可能开裂，最好配置专门的锦盒。有一些鼻烟壶的材质是葫芦和椰壳，这类鼻烟壶怕虫蛀，要特别注意预防。

　　漆鼻烟壶保存的环境不能太干燥，但是也不能潮湿，湿度太大或湿度太小，都可能让器物出现断裂、变形、脱漆的情况，因此应将漆鼻烟壶放置在温度和湿度相对适中的地方；漆鼻烟壶容易损坏，因此拿取的时候要注意，避免碰到坚硬的物体，注意不要摔器物，并避免剧烈的震动；保存漆鼻烟壶时还应保持器物表面清洁，如果出现了沉积的灰土，可以使用毛刷和棉纱布清理。

马到成功端石鼻烟壶

螭虎纹青玉鼻烟壶

画珐琅类鼻烟壶是相当珍贵的鼻烟壶品种，通常都是宫廷中的旧物，而民间所见以广东地区作坊制作进贡品较多，画珐琅工艺对温度有极高的要求，如果放置在温度较高的环境中，珐琅釉料易脱落。收藏这类的鼻烟壶要特别注意养护。

清明上河图（局部）内画鼻烟壶

鼻烟壶收藏品鉴

2．给鼻烟壶准备包装物

只要有条件，要给鼻烟壶配置囊匣或盒，如果有可以控制温度和湿度的陈列柜更好。定制鼻烟壶的包装物同样有说法，比如玻璃内画鼻烟壶，如果出自清末或民国时期的大家，包装的盒子最好使用酸枝或樟木制作；如是玉石类、瓷质类、竹木牙雕类的鼻烟壶，可以使用硬的锦缎盒子包装。给鼻烟壶制作单独的包装物，能够保护鼻烟壶不受损伤，而且有一种精致的美感。在包装物上题诗铭文或署堂斋号可以给鼻烟壶的收藏继续提升价值。好马也要配好鞍，收藏爱好者交流的时候，收藏也显得更专业。

春内画鼻烟壶

碧玉鼻烟壶

鉴宝藏珍
——鼻烟壶的收藏与保存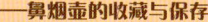

仿玳瑁料鼻烟壶

内画风景鼻烟壶

# 鼻烟壶收藏品鉴

3. 恒温的放置环境

切忌将鼻烟壶保存在顶楼或地下室的环境中,这是因为强烈的日照和潮湿的环境都会直接影响鼻烟壶的质量,导致鼻烟壶裂变、褪色或氧化的情况出现。所以,尽量要让保存的环境接近恒温。

蓝索纹鼻烟壶

多彩瓷器鼻烟壶

景泰蓝鼻烟壶

清代玛瑙鼻烟壶

鉴宝藏珍
——鼻烟壶的收藏与保存

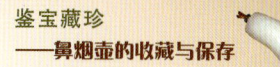

翡翠鼻烟壶　　　　　　　　玛瑙鼻烟壶

玛瑙鼻烟壶

4. 详细登记藏品

不仅要保存好每一件藏品，如果有机会还可以在包装盒上进行编号，这样更利于分类和陈列展示，以免拥挤造成破损。

 **鼻烟壶收藏品鉴**

5. 藏品损坏的修补

如果藏品出现了破损，应避免使用无机胶修补，最好请专业人士进行修补，以尽量恢复藏品原貌。

白玉鼻烟壶

琥珀嵌松石鼻烟壶

骏马图内画鼻烟壶

后 记

  我国历史上有很多精湛的手工艺产品，其中既有体积较大的艺术品，也有袖珍的小雅玩。鼻烟壶只有方寸大小，虽然貌不惊人，但这种工艺已历经了几百年，并且一直发展到现在，因此深受人们喜爱。

  鼻烟壶作为一种具有历史和文化背景的收藏品种，受到了许多收藏爱好者的追捧。小小的鼻烟壶，使用的材质可以说是千差万别，装饰鼻烟壶的工艺，更可以说是花样繁多。

  面对如此精致的艺术品，刚开始进行鼻烟壶收藏的朋友肯定会有各种各样的困惑，有的朋友在收藏鼻烟壶的过程中会因为收藏知识不足而遭受损失。为了帮助朋友们更好地收藏鼻烟壶，我们编撰了本书。在本书编撰的过程中，我们特意走访了位于天津市南开区古文化街古玩城的鼻烟壶专业收藏经营机构紫玉轩，在表明了来意之后，我们受到了紫玉轩经理张志欣女士的热情接待，张女士不但带我们参观了店内的藏品，还给我们提供了一批精美的图片，供我们编撰图书使用，在此向张女士表示真挚的感谢！

  鼻烟壶小巧精致，能够欣赏、把玩这样一件漂亮的艺术品，心情肯定是无比惬意的。我们希望可以和藏友们共同交流，一起进步！

 **鼻烟壶** 收藏品鉴

总 策 划：袁　海　王丙杰
　　　　　贾振明　张建平

项目负责：张建平

排版制作：腾飞文化公司

编 委 会：林婧琪　邹岚阳　夏弦月

　　　　　潇诺尔　向文天　田昊然

　　　　　吕陌涵　孟俊炜　陆一航

图片提供：张志欣　贾　辉

天津市南开区古文化街古玩城紫玉轩

http://www.nipic.com

http://www.huitu.com

http://www.microfotos.com